マンガ　今日からデビューのＦＸ

24時間チャンスが生まれる外国為替

脚本：山口 祐介　作画：佐々木 慧

Pan Rolling Library

―はじめて買った投資本は入門書だった―

どんな偉大な投資家も、例外なく投資の「と」の字も知らない初心者から始まります。優雅な生活、自由な時間、そして、何事にも拘束されない完全な自立。投資の世界は、日々の雑務に忙殺された自分を「完全な自由の世界」へといざなってくれる夢と希望に満ち溢れた世界です。

今、本書を手にしているあなたも、このような「投資の世界への憧れ」を、もしかすると持っているかもしれません。

しかし、誤解をしてはいけません。誰からも羨望される「勝ち組」に入る投資家はほんの一部なのです。確かに、投資家になるだけであれば誰でも可能です。ところが、勝つ投資家、特に、勝ち続ける投資家になるためには、「終わりのない努力」をし続ける必要があること、そして「想像を絶する精神的苦痛」を受ける覚悟が必要であることを心に留めておいてください。

本書では、投資の世界への入り口としてＦＸ取引を取り上げ、まずはＦＸの世界で生き残るうえで、これだけは知っておかなければならない「入門レベル」の知識の補充を目的としております。ＦＸ取引について何も知らなくても、本書を読めば必要最低限の知識を得ることができる構成となっております。

ＦＸ投資にかぎらず、何か新しいことを始めるには勇気がいるものです。しかし、心配しないでください。どんな偉大な投資家も最初は何も知らない初心者だったのです。まずは本書を読んで一歩を踏み出しましょう。そして、投資の勉強を怠ることなく努力し続けてください。努力している人のところに幸運の女神は降りてくるものです。

本書の出版にあたっては、出版の機会を与えてくださったパンローリング株式会社の後藤康徳氏、世良敬明氏、西澤英美氏、漫画家の佐々木慧氏らの多大なるご協力を得ました。ここに感謝の意を表します。

山口祐介

２００８年５月吉日

マンガ　今日からデビューのＦＸ

はじめに

プロローグ　7

第１章　ＦＸ取引とは　15

担保としての証拠金　17

ＦＸ人気要因のレバレッジ　20

スポット取引を無限にするロールオーバー　24

手堅く狙うスワップ金利　29

ＢｉｄとＡｓｋとスプレッド　34

悪徳業者につかまらないために　39

第２章　ＦＸと外貨預金の違い　45

外貨預金の場合　46

取引時間と投資効率　50

保証制度からみた外貨預金とＦＸ　55

第３章　ＦＸと株の信用取引の違い　57

信用取引のレバレッジ　59

取引時間と取引方法　62

第４章　口座開設と取引開始の注意点　68

マージンコールとロスカット　71

CONTENTS

税率からみたＦＸ 77
ＦＸ会社の３つの収益源 81
口座開設の流れとポイント 86

第5章　注文方法を知ろう 90
便利な一括注文で損益確保とリスク管理 99

第6章　ファンダメンタル分析 116
主要通貨の特徴 119
重要な経済指標 127
為替レートの変動要因 132
ファンダメンタル分析の注意点 137

第7章　テクニカル分析 142
チャートの見方 143
インディケーターの見方 147
テクニカル分析の注意点 153

第8章　生き残るために 161

用語集 174

■免責事項
　この本で示してある方法や技術、指標が利益を生むあるいは、損失につながることはない、と仮定してはなりません。過去の結果は必ずしも将来の結果を示すものではありません。この本の実例は教育的な目的でのみ用いられるものであり、売買の注文を勧めるものではありません。また、投資を斡旋・推奨するものではありません。

プロローグ

昨日のテレビ見ました？
またFXで脱税ですって
FXってそんなに儲かるんですか？
脱税は良くないけど
FXで成功している人はプロアマ問わず結構いるよな
アマということは僕でもできるんですか？
へえ〜
もちろんだよ

でもFXって聞いたことはあっても全然知らないじゃない
FXは正式には「外国為替取引」で個人を対象にしたものが「外国為替証拠金取引」というんだ
しかし一般的には証拠金で通じるよ
すでに分からない… そもそも外国為替って何ですか？
為替には2つの意味があるんだ
ひとつは「現金輸送を伴わない金融取引」
もうひとつは「通貨交換」のことを指す
現金を直接に支払わない取引は君だって普段当たり前のように使ってるだろ？
え？

家賃の支払いや給料の受取りなど直接相手とお金を交わさないだろ？
送金
銀行
A支店
入金
銀行
B支店
そういえば…
企業間の取引ならもっと規模は大きいから現金のやり取りでは手間もかかるし安全性も大切だ
¥
そこで銀行を介して支払いを行う手形や小切手での支払い方法も為替だな
その為替取引が日本国内で行われていれば「内国為替」になるんだ
手形
小切手
じゃぁ外国との為替での取引は外国為替？
そう！外国為替で「外為《がいため》」
あ…それはよく聞きます

日本の企業が海外の企業から資源を輸入したり製品を輸出するときの支払いだな
外国企業
ただ内国為替と大きく異なる点がある
それは…通貨の種類が違うから外貨に換えて決済を行わなければならないんだ
$
買
売
円高・円安って言葉はよく聞きますよね
その通貨交換も外国為替というんだ いまでは為替の意味は決済についてよりも通貨交換(通貨の売買)としての意味のほうが強いかもしれないな
うん うん
そうだね
でも円高と円安って一見間違えやすいですよね？

海外旅行を
イメージして
みろよ
両替
渡航先でお金を
使うために
換金するだろ
昨日は1ドルが
108円…
今日の
為替は
1$=108円です
1ドルに交換
するのに昨日は
108円で
済んだのに
ハイ
108円
1$
¥108
今日は1ドル
110円
になった
今日の
為替は
1$=110円です
今日は
2円も多く
払わないといけない
1日違うだけで
110円？
+2円
1$
¥110
ということは
円の値段がドルに
対して安くなって
しまってるんだよ
$
¥
つまり
「円安」
だね
1ドルだけで考えると
小さいけれど
大きい取引をする場合は
その少しの変動が
とても大きな結果に
なるんでしょうね
そうなんだ
貿易大国である
日本にとっては
とても重要に
なって
くるんだよ

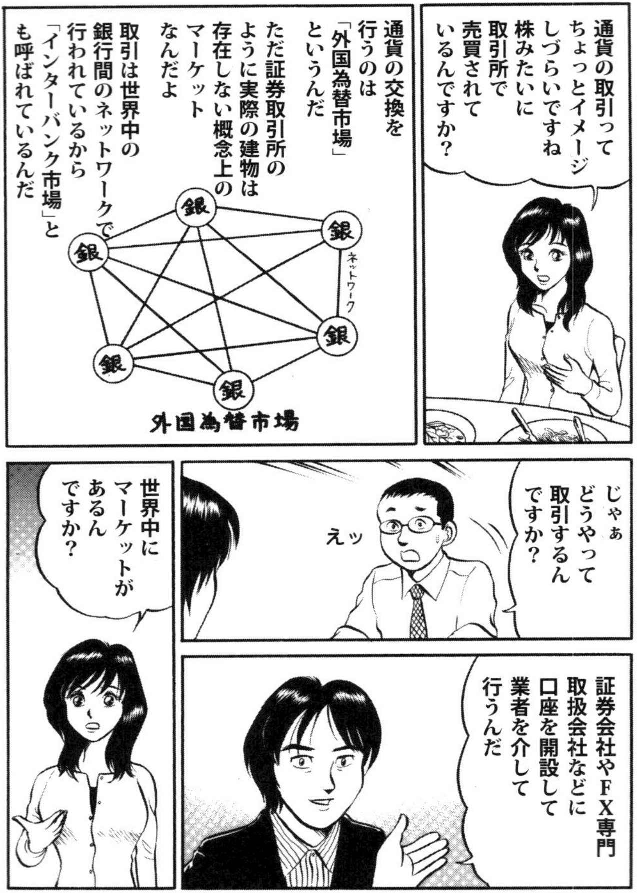
通貨の取引ってちょっとイメージしづらいですね株みたいに取引所で売買されているんですか?
通貨の交換を行うのは「外国為替市場」というんだ
ただ証券取引所のように実際の建物は存在しない概念上のマーケットなんだよ
取引は世界中の銀行間のネットワークで行われているから「インターバンク市場」とも呼ばれているんだ
銀
銀
銀
銀
銀
銀
ネットワーク
外国為替市場
じゃぁどうやって取引するんですか?
えッ
証券会社やFX専門取扱会社などに口座を開設して業者を介して行うんだ
世界中にマーケットがあるんですか?

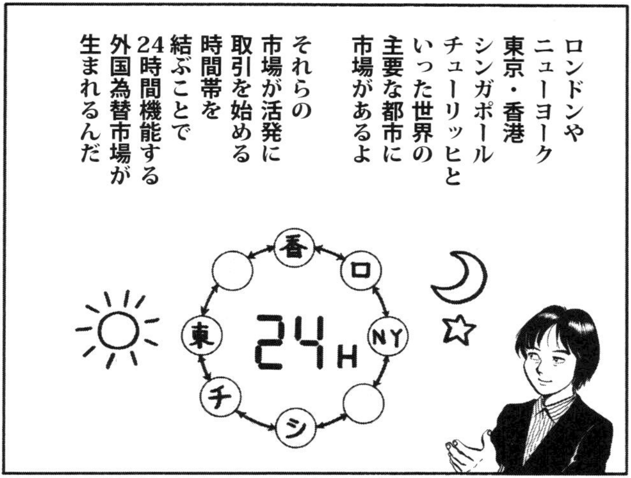
ロンドンや
ニューヨーク
東京・香港
シンガポール
チューリッヒと
いった世界の
主要な都市に
市場があるよ
それらの
市場が活発に
取引を始める
時間帯を
結ぶことで
24時間機能する
外国為替市場が
生まれるんだ
香
ロ
NY
シ
チ
東
24H

じゃぁ
銀行も
世界市場に
合わせて
対応して
いるんですか？

大手銀行は
ディーリング・
ルームという
取引専用
システムを
24時間稼動
させることで
世界市場に
対応して
いるんだよ

すごく難しそうですね僕には無理かなぁ…
たしかに何の勉強もせずに簡単にできるものじゃないけどそれは何事においても同じだろう
ルールや基本をしっかりおさえれば必要以上に怖がることはないよ
じゃぁそのルールと基本をぜひ教えてください！
了解！

第1章　ＦＸ取引とは

ＦＸって最近よく聞きますけど昔からあったんですか？
いや１９９８年に「外国為替及び外国貿易法」（外為法）が改正されるまでは銀行しか為替業務ができなかったんだ
誰でも外国為替取引ができるようになったのはここ10年くらいだね
外国為替取引はＦＸだけですか？
外国為替を使った金融商品は外貨預金や外貨ＭＭＦ外国債券などいろいろあるよ
外貨預金や外貨ＭＭＦは聞いたことがあったけどなぁ…
まぁ…やったことはないけど

外貨預金は日本円以外の通貨で銀行預金をすることですよね
多くの銀行で米ドル建てをはじめとした各種通貨の外貨預金を取り扱っているね
日本の金利は世界でも有数の低さだから銀行に預けてもほとんど利子はつかないだろ
うん
うん
そこで金利の高い外国の通貨で預金してより多くの利子を得るのが目的だね
国内銀行
利子
円
↓
利子
外貨
外国銀行
外貨MMFとは？
海外の投資信託会社によって外貨で運用される高い格付けの外国短期証券に投資する投資信託のことさ
外貨
投資信託会社
外国
運用益
安全性や安定性が高く外貨預金と比べても高金利だしファンドマネジャーの運用がうまくいけば高い利益が得られるかもしれないんだ

担保としての証拠金
じゃぁＦＸが急激に注目されているのは何故なんですか？
ＦＸは他にはない特徴がいくつかあるんだ
ＦＸでは取引会社に預けた資金を担保としてその預けた資金の何十倍もの取引が可能になる「証拠金取引」ができるんだ
だからＦＸは「外国為替証拠金取引」というんだよ
証拠金？
担保？
例えば1万ドルを運用するとしよう
分かりやすく1ドルを１００円で計算してみるよ
外貨預金であれば1万ドル分の１００万円すべてを用意しなければならない
イメージ
100万円
外銀
でもＦＸでは１００万円を用意する必要はないんだ
取引業者によって規定は違うけど必要額の担保（証拠金）を預け入れれば1万ドルを買うことができるんだ
イメージ

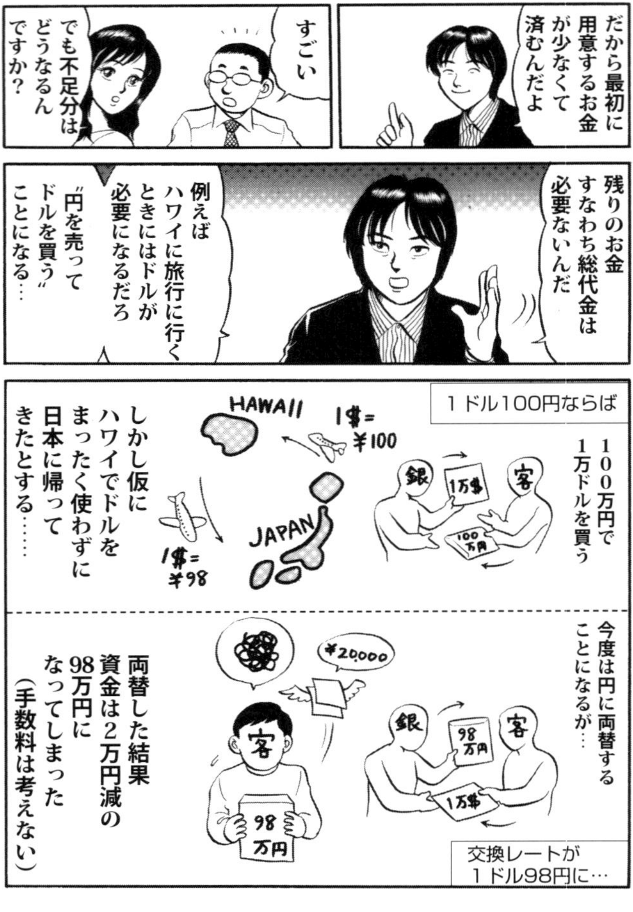

だから最初に用意するお金が少なくて済むんだよ
すごい
でも不足分はどうなるんですか？
残りのお金すなわち総代金は必要ないんだ
例えばハワイに旅行に行くときにはドルが必要になるだろ
〝円を売ってドルを買う〟ことになる…
1ドル100円ならば
100万円で1万ドルを買う
銀
客
1万$
100万円
HAWAII
1$=¥100
JAPAN
1$=¥98
しかし仮にハワイでドルをまったく使わずに日本に帰ってきたとする……
今度は円に両替することになるが…
銀
客
98万円
1万$
交換レートが1ドル98円に…
¥20,000
客
98万円
両替した結果資金は2万円減の98万円になってしまった（手数料は考えない）

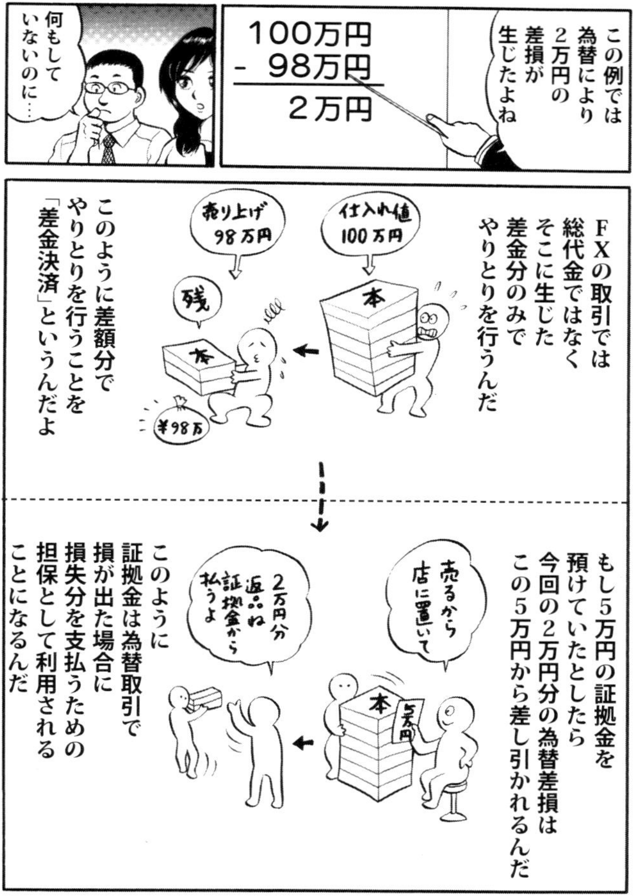

この例では為替により２万円の差損が生じたよね
100万円
- 98万円
２万円
何もしていないのに…
ＦＸの取引では総代金ではなくそこに生じた差金分のみでやりとりを行うんだ
仕入れ値 100万円
本
売り上げ 98万円
残
本
¥98万
このように差額分でやりとりを行うことを「差金決済」というんだよ
もし５万円の証拠金を預けていたとしたら今回の２万円分の為替差損はこの５万円から差し引かれるんだ
売るから店に置いて
本
5万円
2万円分 返品ね 証拠金から 払うよ
このように証拠金は為替取引で損が出た場合に損失分を支払うための担保として利用されることになるんだ

ＦＸ人気の要因レバレッジ
５万円で１万ドル分……20倍もの取引ができるんですか！
そう
証拠金の額は取引業者によって違うけど〝小さな元手で大きな取引ができる〟のがＦＸの特徴のひとつ
外貨預金などは運用額の総代金が必要になるから１ドル１００円とすると１００万円なければ１万ドル分の運用はできないよね
1万ドル
でもＦＸなら５万円の証拠金で１万ドル相当の取引も可能になる
このように少ない資金で大きな金額の取引ができることを「レバレッジ」というんだ
レバレッジは「テコの原理」のことで「小さい力で大きなものを動かす」という意味
このレバレッジこそがＦＸの人気を押し上げた最大の要因といえるかな
1万ドル
5万円
レバレッジ

20倍かぁ…
何倍くらいまでかけられるものなんですか?
取引業者によって違うけど１００倍かけられるところもあるよ
１００倍!?
もちろんその分レートが変動した際の振れ幅が大きくなるからリスクも高くなる
×100
経験が浅いうちはレバレッジは低めにかけて慣れてから高くしていくほうが賢明だね
×10
そもそも為替レートってなぜ変動するんですか?
為替取引とは通貨交換のことだったよね

※金融庁は日本国内のＦＸ業者にレバレッジ上限規制をかける方針。最新情報は各社サイトで確認のこと。

そこには交換したいという需要とそれに対する供給がある
応
求
両替
$
簡単にいってしまえば交換したいという人気が上がればその通貨の価値は上がるし人気が下がればその通貨の価値も下がる
持ッテケドロボー
¥
$
通貨にも人気・不人気があるんですか？
さまざまな要因が影響するからね
例えば金利などは外貨預金などの金融商品に影響するまた原油価格や戦争・テロを含めた国際情勢も大きな影響を与えるんだ
外貨
金利
外貨
そして貿易……貿易では取引において通貨の交換が必ず行われる取引量の多い米ドルが活発な動きをするのはそのためだよ
取引 NO.1
$
USA
多くの日本人が連休にいっせいに海外旅行に行くときなども大量の通貨両替が行われて円安になったりするんだよ

海外旅行まで？いろいろなことが影響してくるんですね
取引時間はどうなるんですか？
為替マーケットはニュージーランドのウェリントンシドニーに始まって日本・欧州そしてニューヨークへとつながり
ウェリントン
シドニー
日本
ヨーロッパ
ニューヨーク
再びウェリントンシドニーに帰ってくるというように
世界中どこかで取引が行われているんだ
ウェリントン
シドニー
株式の取引では9時から15時までと時間帯が決まっているけど
その時間帯では日中働いている会社員にとっては取引するには難しいだろう
12
9
15
でも24時間取引が可能なＦＸなら会社から帰宅して自宅のパソコンでゆっくりと取引ができる
しかも為替マーケットがよく動く時間は日本時間の夜が多いからその点では日本人は恵まれてるかもしれないな

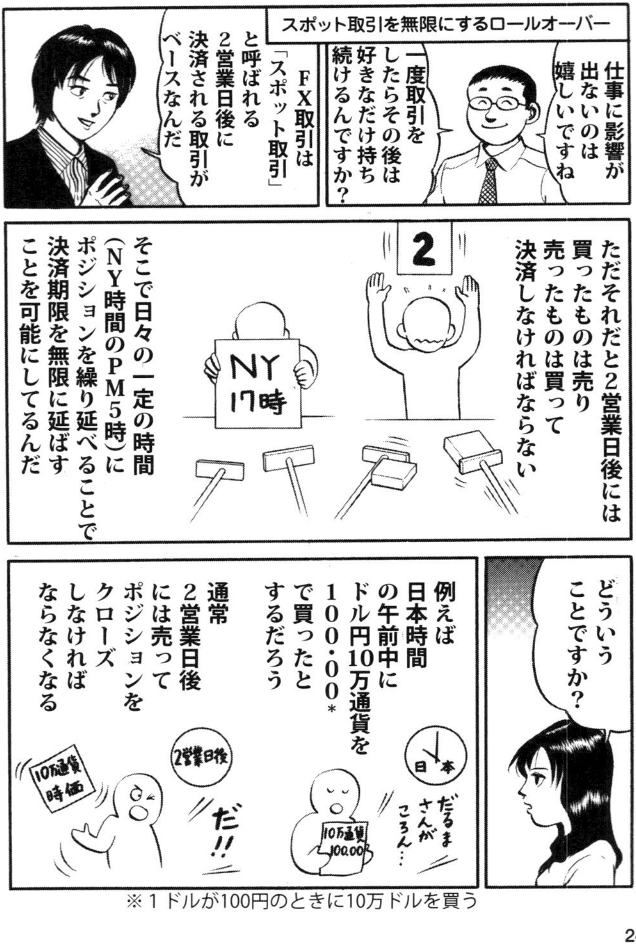
スポット取引を無限にするロールオーバー
仕事に影響が出ないのは嬉しいですね
一度取引をしたらその後は好きなだけ持ち続けるんですか？
ＦＸ取引は「スポット取引」と呼ばれる２営業日後に決済される取引がベースなんだ
ただそれだと２営業日後には買ったものは売り売ったものは買って決済しなければならない
2
NY17時
そこで日々の一定の時間(ＮＹ時間のＰＭ５時)にポジションを繰り延べることで決済期限を無限に延ばすことを可能にしてるんだ
どういうことですか？
例えば日本時間の午前中にドル円10万通貨を100・00＊で買ったとするだろう
日本
だるまさんがころん…
10万通貨 100.00
通常２営業日後には売ってポジションをクローズしなければならなくなる
2営業日後
だ!!
10万通貨時価

※１ドルが100円のときに10万ドルを買う

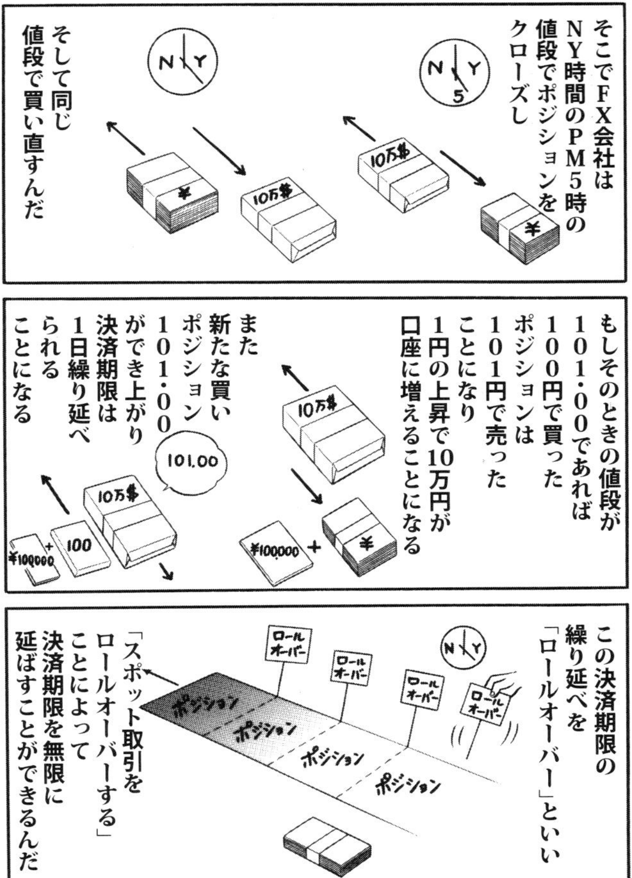
そこでFX会社はNY時間のPM5時の値段でポジションをクローズし
NY
5
10万$
¥
そして同じ値段で買い直すんだ
もしそのときの値段が101・00であれば100円で買ったポジションは101円で売ったことになり1円の上昇で10万円が口座に増えることになる
10万$
¥100000
¥
また新たな買いポジション101・00ができ上がり決済期限は1日繰り延べられることになる
101.00
10万$
100
¥100000
この決済期限の繰り延べを「ロールオーバー」といい
NY
ロールオーバー
ポジション
「スポット取引をロールオーバーする」ことによって決済期限を無限に延ばすことができるんだ

為替変動で生じた差損益は毎日口座に入金や引き落しがされるんですか？
今のはインターバンクでのロールオーバーのルールで
FX会社によってはロールオーバーによる為替差損益を含み損益として計上するんだ
含み損益？
〝含み損〟とは決済前のポジションが現在のレートで計算したときに潜在的に出ている「損失」のこと
だるまさんがころん……
「ロールオーバー」
マイナス
「含み損益」
プラス
だ!!
マイナス
「決済」
ピタ
「実現損益」
その逆を〝含み益〟というんだ

計算上の損益だから口座のお金は変わらない…
あくまで「仮」の利益・損失だと考え口座の残高には反映させない会社がほとんどなんだ
でも決済すれば含み損益は直ちに実損益に変わるよ
１００・００や１０１・００など円はつけないんですね…
そう正確には１００円００銭とかなんだけど
慣例として単位は省略してるかな
そのほうがいいやすいしね
でも中・長期で保有するつもりなのに2日ごとに「ロールオーバーする」って報告するのは大変ですね
基本的にはロールオーバーは自動的に行われるんだ
だるまさんがころん・だるまさんがころん・だるまさんがころん・だるまさんが…
だから中・長期の戦略でも問題ないよ

でもレバレッジをかけるということはお金を借りるということですよね
だったらロールオーバーする間取引会社に金利を払わなければならないですよね？
株取引ではそうだけどFXはそうとはかぎらない
逆に金利をもらえる場合もあるんだ
FX会社はロールオーバー時に2国間の金利差の受け払いを行うこのときにつく金利を「スワップ金利」と呼ぶんだけど…
スワップ金利？
FX取引が個人投資家を中心に注目されている背景としてこのスワップ金利を挙げることができるかな

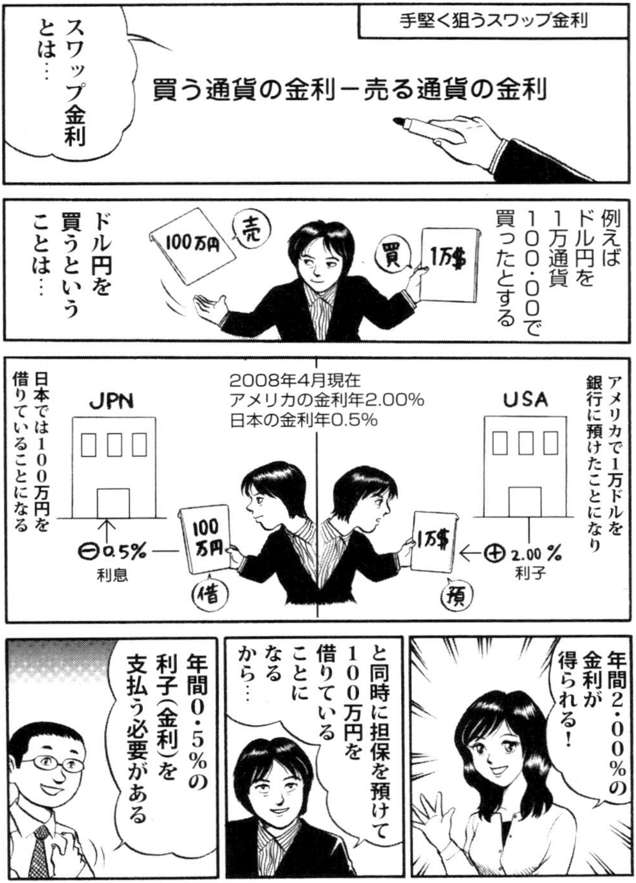
手堅く狙うスワップ金利
スワップ金利とは…
買う通貨の金利－売る通貨の金利
例えばドル円を1万通貨100・00で買ったとする
買
1万$
売
100万円
ドル円を買うということは…
アメリカで1万ドルを銀行に預けたことになり
USA
2008年4月現在
アメリカの金利年2.00%
日本の金利年0.5%
JPN
日本では100万円を借りていることになる
⊕2.00%
利子
1万$
預
100万円
借
⊖0.5%
利息
年間2・00%の金利が得られる！
と同時に担保を預けて100万円を借りていることになるから…
年間0・5%の利子(金利)を支払う必要がある

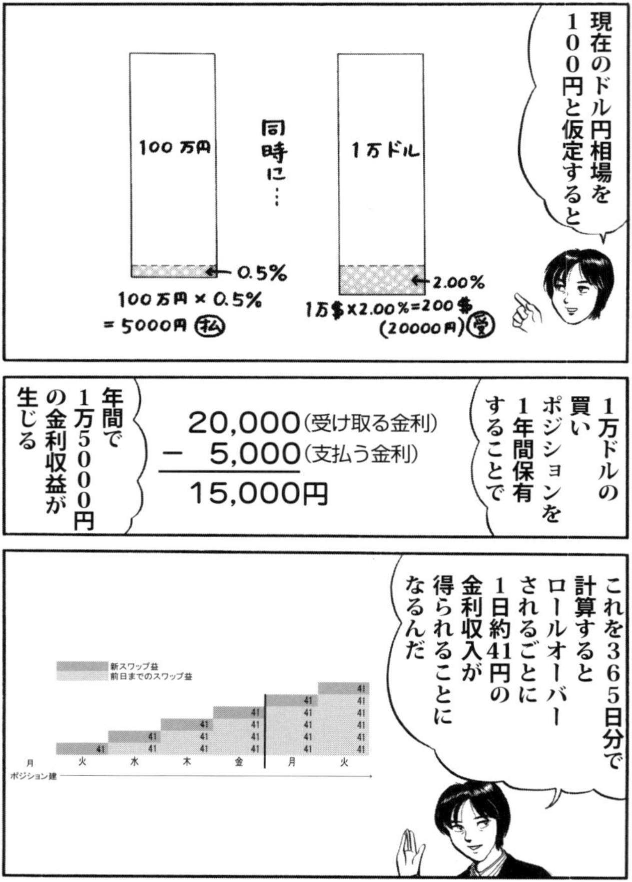
現在のドル円相場を１００円と仮定すると
1万ドル
2.00%
1万$×2.00%=200$
(20000円)受
同時に…
100万円
0.5%
100万円×0.5%
=5000円 払
１万ドルの買いポジションを１年間保有することで
20,000(受け取る金利)
− 5,000(支払う金利)
15,000円
年間で１万５０００円の金利収益が生じる
これを３６５日分で計算するとロールオーバーされるごとに１日約41円の金利収入が得られることになるんだ
新スワップ益
前日までのスワップ益
月
火
水
木
金
月
火
ポジション建

逆のポジションを持った場合は反対に1日約41円の利子を支払わなければならない
金利はもらえるだけじゃないんですね
スワップ金利はポジションを持つ方向や各国の政策金利の変更などによって状況が変わってくる
政策
市場
ただこれはあくまで理論値であって実際のスワップ金利は金利市場の金利をもとに算出されるんだ
さらにコストなども調整して算出されるから会社によって若干の違いがある
スワップ
A社 …円 …円
B社 …円 …円
C社 …円 …円
D社 …円 …円
各社を比較しているホームページもあるから参考にするといいよ

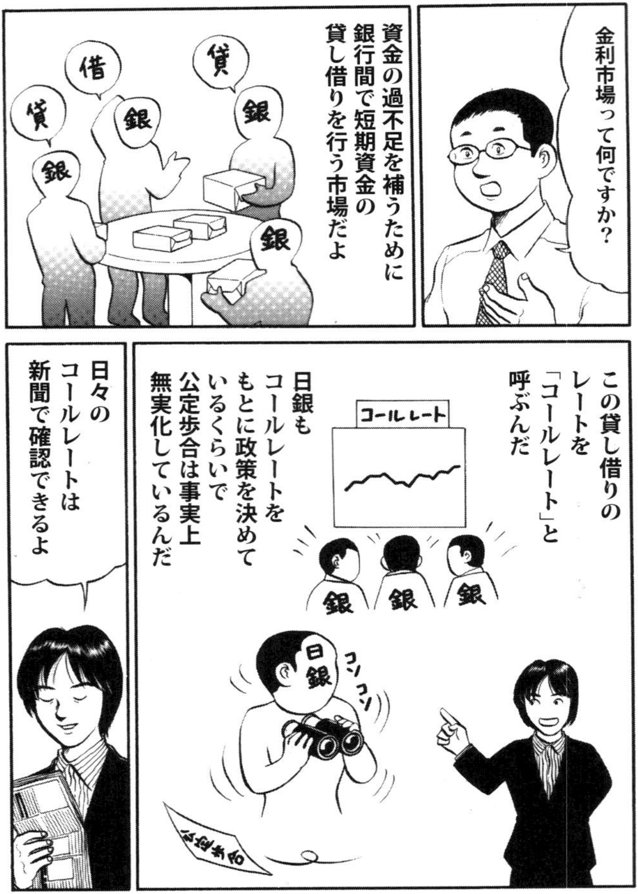
金利市場って何ですか？
資金の過不足を補うために
銀行間で短期資金の
貸し借りを行う市場だよ
貸
銀
借
銀
貸
銀
銀
この貸し借りの
レートを
「コールレート」と
呼ぶんだ
コールレート
銀
銀
銀
日銀も
コールレートを
もとに政策を決めて
いるくらいで
公定歩合は事実上
無実化しているんだ
日銀
コソコソ
日々の
コールレートは
新聞で確認できるよ

国名	政策金利
日本	0.50%
米ドル	2.00%
英ポンド	5.00%
ユーロ	4.00%
カナダドル	3.00%
豪ドル	7.25%
NZドル	8.25%
スイス	2.75%

（2008年4月現在）

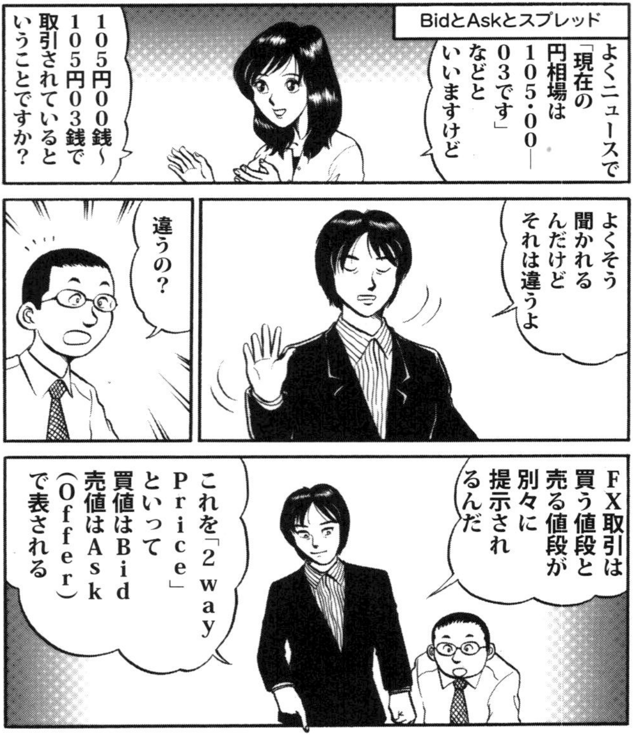
BidとAskとスプレッド
よくニュースで「現在の円相場は105・00—03です」などといいますけど
105円00銭〜105円03銭で取引されているということですか？
よくそう聞かれるんだけどそれは違うよ
違うの？
FX取引は買う値段と売る値段が別々に提示されるんだ
これを「2way Price」といって買値はBid売値はAsk（Offer）で表される

	業者側の買値	業者側の売値	前日比	高値	安値	ポジション持ちでつくスワップ金利	
	Bid	Ask	Change	BidHigh	BidLow	買SWAP	売SWAP
米ドル円	104.13	104.16	-0.16	104.47	104.00	51	-51
ユーロ円	161.61	161.66	-0.06	162.20	161.57	155	-155
豪ドル円	99.69	99.75	0.36	99.83	99.26	173	-173

Ｂｉｄは取引業者の買値　Ａｓｋは取引業者からの売値
Bid 105.00 — (買)
Ask 105.03 — (売)
１０５・００―０３であれば業者サイドが「１０５・００なら買います１０５・０３なら売ります」と提示しているんだ
買える値段と売れる値段が違うんだ…
しかしここで気をつけなくてはいけないことがある
これは業者側の提示金額だから投資家サイドは「１０５・００ならば売れて１０５・０３で買える」ということになるんだ
買
取
投
売
じゃぁ売りと買いの注文を同時に行ったら１０５円で売ったのに１０５円３銭で買うことになるんですか？

そうだね
この場合なら
差し引きで
3銭負けて
しまう
ことになる
105.03
105.00
0.03
この3銭の
ことを
「スプレッド」
と呼ぶんだ
スプレッドは
取引業者への
手数料と
言い換えることが
できるかな
この例でいえば投資家は
最低でも3銭以上の利益を
あげなければ損失が生じて
しまうことになるよね
小額に思えるかも
しれないけど
取引を重ねていくと
1銭の違いが数万円に
なったりするから
スプレッドは1銭でも
狭いに越したことが
ないんだ
チリも
積もれば
…かぁ

スプレッドも会社によって違うんですか?
そう　だからスプレッドの差が狭い会社を探すべきだね

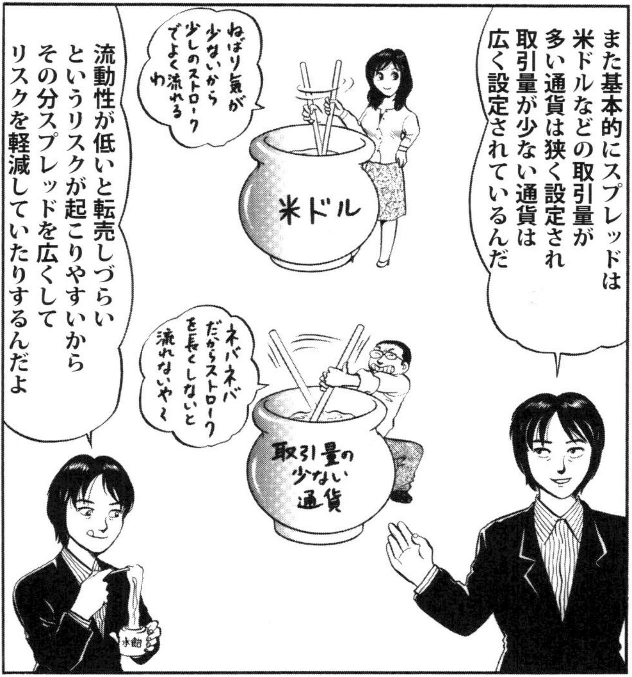
また基本的にスプレッドは米ドルなどの取引量が多い通貨は狭く設定され取引量が少ない通貨は広く設定されているんだ
ねばり気が少ないから少しのストロークでよく流れるわ
米ドル
ネバネバだからストロークを長くしないと流れないや〜
取引量の少ない通貨
流動性が低いと転売しづらいというリスクが起こりやすいからその分スプレッドを広くしてリスクを軽減していたりするんだよ
水飴

手数料はスプレッドだけですか？
最近はスプレッド以外の手数料が無料のところが増えたけど
多くの会社は売買手数料で1万通貨当たり何円というように取引手数料を決めているかな
それでも外貨預金や外貨MMFと比べるととても低いと思うよ
1万米ドル円あたりの取引手数料/片道
外貨預金(大手銀行)
10.000円
外貨MMF(大手証券会社)
5.000円
FX(平均)
500円

悪徳業者につかまらないために
FXと外貨預金では全然違いますね
FXでも取引会社によって差があるんですよね?
でも手数料やスプレッドだけに着目しては駄目なんだ
「FXは怖い」というイメージがもたれた背景としてさまざまな悪徳業者がいたのも事実なんだ
外為法の施行で誰でも取引可能になったけどそれを規制する法律がなかったから「何でもありの無法地帯」だった
業者のなかには預かったお金を返さないで逃げてしまったり
ドロン
法外な手数料をとったり
請求書
投資家にわざと損を出させるように仕向けていったり
損
さまざまな悪事をはたらく会社ができて一時社会問題化したんだ

そんな酷い会社があったんですか今はどうなんですか?
怖いなあ…
今では「金融商品取引法」という取引会社を規制する法律が施行されているからね
悪徳会社や財務内容が悪い会社は排除されることになっている
ちゃんとした会社を選ぶポイントはあるんですか?
FX業務をするためには財務局への登録が必要なんだ
それと必須の登録基準を下回ったり違法な行為を行った場合は厳しい罰則があり最悪の場合は登録抹消になることもある
FX会社は
関東財務局
第○○号
という登録番号が付与されるから契約をする際には最低限 登録番号の有無を確かめる必要があるよ
もし登録番号がなければ「違法業者」ということだからね

外為市場の概要

近年、数々のニュースが世間を騒がせた影響もあり、FXトレードは劇的な活況を見せています。しかし、「流行っているから」「簡単に始められそうだから」「株より儲けられそうだから」と安易な気持ちで始めると、失敗が多いようです。まずはFX取引の特徴とリスクをしっかり学びましょう。

■外為市場の主な特徴

●外国為替は世界最大の市場であり、その流動性はますます高まっている
●インターバンクによって24時間取引可能
●レバレッジの活用で、少ない元手でチャンスを狙える
●所有するポジションによって金利（スワップ金利）を受け取ることができる
●手数料が少ない
●下げ相場でも儲けるチャンスがある

◎外国為替市場

外国為替市場は世界最大のマーケットです。

国際決済銀行（ＢＩＳ）が３年に一度行う、外国為替市場の取引高調査２００７年度の結果によると、世界為替市場の１日の取引高は２００４年の１兆９０００億ドルから71％増加の、３兆２０００億ドル超となりました。為替市場は１９７３年の変動相場制以降、拡大の一途をたどっているのです。

その市場規模は、ロンドン市場が世界のシェア１位を長年維持しています。２００７年の調査結果でも取引高は１兆３６００億ドルとマーケットの34％を占めました。次いで、ニューヨーク市場の６６００億ドル（24％）と続きます。東京市場は長らく3番目の市場として地位を確立し、一時はニューヨーク市場に迫る勢いもありましたが、２００７年の調査では、スイスに40億ドルの差（シェア０・１％差）で4位に後退しました。さらに5位のシンガポール市場にシェア０・２％の僅差に迫られています。

なお今回の調査でも、市場ではロンドン、通貨ではドルが中心のマーケットであることは分かりましたが、それ以上に特筆すべきは、新興国市場での為替取引高の増加でしょう。その取引高は市場全体の5分の1まで成長を遂げています。

◎24時間のマーケット

為替取引は世界各国で行われています。ニュージーランド、オーストラリアのマーケットから始まり、東京―シンガポール―ロンドン―ニューヨークと24時間どこかの市場で取引が行われています。

特に、世界シェア1位のロンドン市場は、午前中では日本をはじめとしたアジア諸国のディーラーがポジション調整の取引を行い、午後にはニューヨークのディーラーが取引を開始します。

一番の活況を見せるロンドン市場の時間帯は、日本時間の夕方～夜なので、日中仕事をしている人でも、余裕をもってチャンスにのぞめるのです。

なお、為替市場は相対取引なので、各マーケットの厳密な開始・終了時間はありません。あくまでそれぞれの地域での取引の中心時間という解釈です。

◎金利

為替取引で「金利」というと、政策金利を指すことが一般的です。政策金利とは、中央銀行が各金融機関に資金の貸し出しを行う際に適用される金利のことです。政府は景気を安定させるために、定期的に金利を見直します。景気が上向きになれば、企業の業績も上がり、市場での資金流入が激しくなりインフレが懸念されるため金利を上げます。逆に景気が下向きになると、金利を下げるのです。

例えば、アメリカの政策金利（フェデラルファンドレート）は、2007年までは5・25％を維持していましたが、2008年4月現在、2・00％まで引き下げられています。それには、アメリカの低所得者住宅ローンのこげつきによる〝サブプライムローン〟問題があります。それまでの好調が一変した株価下落や、為替におけるドル安の動きが、見られたためです。

FXにおいては金利は重要な要素を占めます。特に、ポジションを建てた通貨ペアの金利は必ず確認しておくとともに、各国の政策金利に影響を与えるであろう事柄にも常に注意を払いましょう。

第2章　ＦＸと外貨預金の違い

手数料以外に外貨預金との違いはありますか？
日本は金利が低いから最近は預金の一部を外貨に回す人が増えただろ
オーストラリアやニュージーランドなど金利が高い国は外貨預金として人気が出てるんだ
日本の０・５％に対してニュージーランドは８・２５％
その差は大きいですよね
ではＦＸ取引を外貨預金感覚で運用した場合どちらが有利になるか検証してみよう

外貨預金の場合
ある大手銀行の外貨預金の米ドル1年定期預金の金利は1・27%
もし1万ドルの外貨預金(定期預金)をした場合1年後にどうなるか…?

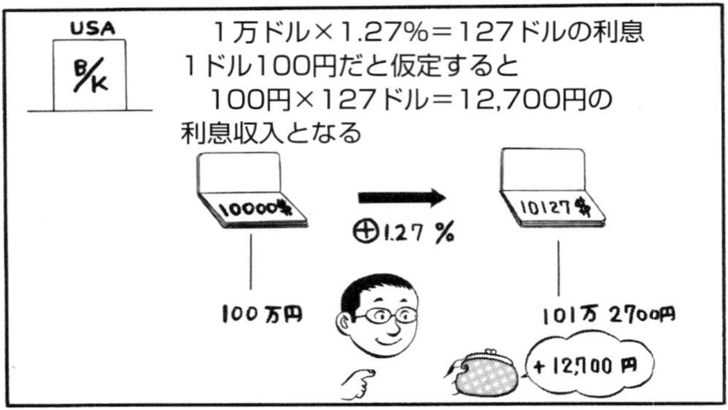
USA
B/K
1万ドル×1.27%＝127ドルの利息
1ドル100円だと仮定すると
100円×127ドル＝12,700円の
利息収入となる
10000$
⊕1.27%
10127$
100万円
101万2700円
+12,700円

FX取引の場合
2008年4月現在アメリカの金利は2・00%日本の金利は0・50%FXでは2国間の金利差(スワップ金利)の受け払いが行われる
もしもFX取引で1万ドルを買い1年間保有した場合金利はいくらになるか…?

日米間の金利差　2.00％－0.50％＝1.50％
１万ドル×1.50％＝150ドルの利息
同様に１ドル100円と仮定すると
100円×150ドル＝15,000円の年間利息になる
運用額 100万円 ＝ 買う 1万$
借 0.5% 支
持 2.00% 受
1,005,000円
10200$ × 100円/$ =1,020,000円
+15,000円
この場合では２３００円の金利差が出る
15,000
−12,700
2,300
金利面だけで比較してもＦＸのほうがはるかに優位だと分かるだろ
しかも最初の準備金１００万円全額をＦＸでは用意する必要がないしな
デカい…
個人投資家の中にはＦＸ取引でレバレッジをかけずに外貨預金感覚で取引している人も結構いるようだよ
リッチ…

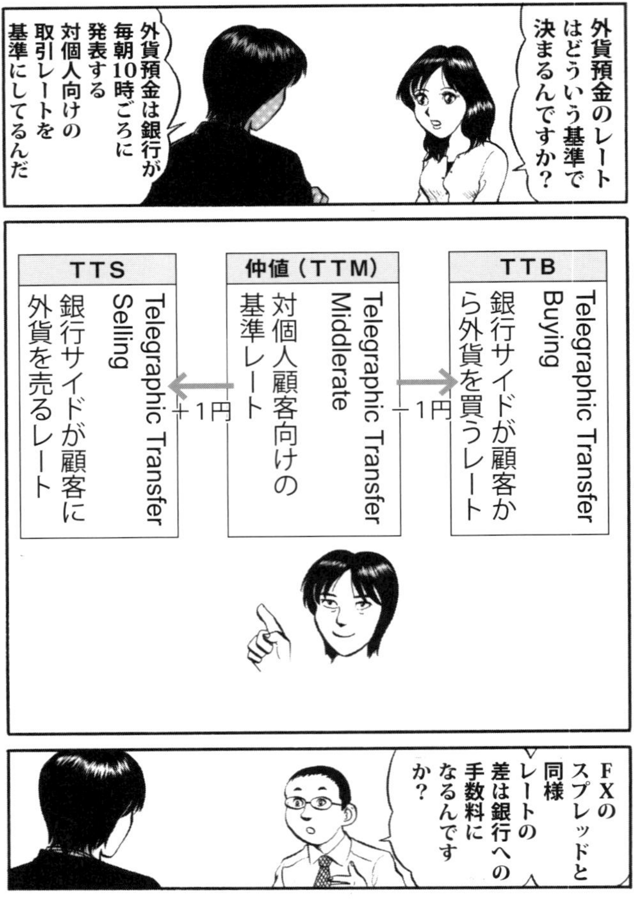
外貨預金のレートはどういう基準で決まるんですか？
外貨預金は銀行が毎朝10時ごろに発表する対個人向けの取引レートを基準にしてるんだ
TTB
Telegraphic Transfer Buying
銀行サイドが顧客から外貨を買うレート
−1円
仲値（TTM）
Telegraphic Transfer Middlerate
対個人顧客向けの基準レート
＋1円
TTS
Telegraphic Transfer Selling
銀行サイドが顧客に外貨を売るレート
FXのスプレッドと同様レートの差は銀行への手数料になるんですか？

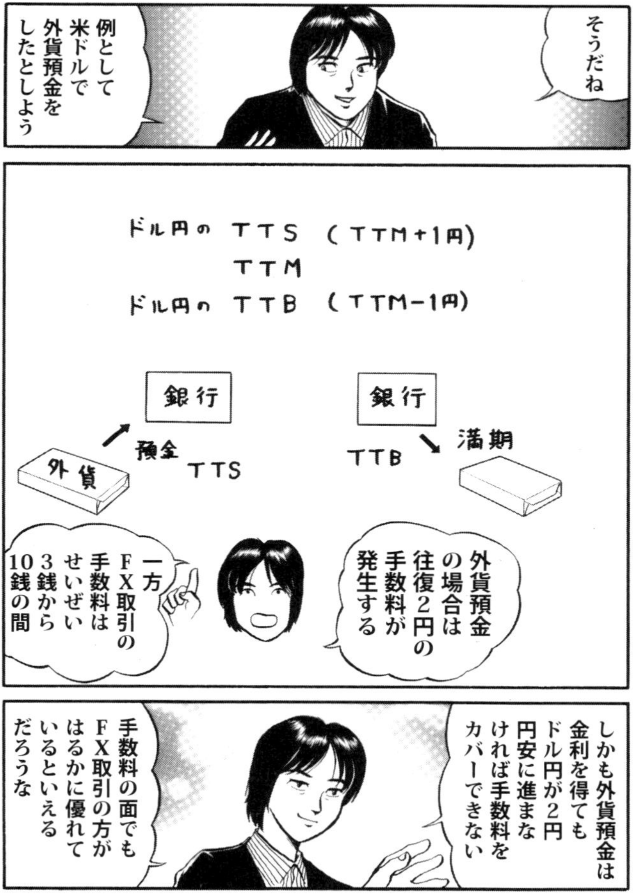
そうだね
例として米ドルで外貨預金をしたとしよう
ドル円の TTS (TTM+1円)
TTM
ドル円の TTB (TTM−1円)
銀行
銀行
外貨
預金
TTS
TTB
満期
外貨預金の場合は往復2円の手数料が発生する
一方FX取引の手数料はせいぜい3銭から10銭の間
しかも外貨預金は金利を得てもドル円が2円円安に進まなければ手数料をカバーできない
手数料の面でもFX取引の方がはるかに優れているといえるだろうな

取引時間と投資効率
取引時間は銀行の窓口時間と同じですか?
そう 原則として外貨預金の申し込みは銀行の窓口が開いている9時から15時の時間帯のみだね
ただ最近ではネットバンキングシステムで24時間のオンライン申込可能なところもあるけど…
銀行振込と同様夜に申し込みをする場合は翌営業日扱いの取引となってしまうから昼間働いている人が会社から帰宅して外貨預金の申し込みをしてもレートが分からないまま予約という形で翌朝まで待たなければならない
翌日扱い
予約

ＦＸは24時間取引が可能なんですよね
そうだよ秒単位で変動しているレートをパソコンや携帯電話のインターネットでリアルタイムに確認して取引できるのもＦＸの利点のひとつだね
レート
レート
24
外貨預金もいろいろな通貨でできるんですか?
う〜ん
基本的には円絡みの通貨だけかな
これらはどこの銀行でも外貨預金が可能だと思うよ
ユーロ円
(EUR/JPY)
オージー円
(AUD/JPY)

もし円が絡まない通貨例えば…
ユーロドル
(EUR/USD)
これらの取引をする場合は外貨口座(ドル)が必要になるんだ
FX取引ならユーロドルの売買にドルの必要はなく担保としての円があればいいんだ
FX取引では外貨預金にはないさまざまな通貨ペアや円絡み以外の通貨を取引することができる
£
スイス
フラン
$
カナダドル
€
ルーブル
AUD
¥
担保
元
投資機会も外貨預金に比べてはるかに多いのが魅力でもあるんだ
外貨預金ということは定期預金ですよねならば満期がある…？
そう通常外貨預金といえば定期預金を指すよね

定期預金は基本的に満期がくるまで中途解約はできない
定期
満期
いっぽう普通預金はいつでも解約できる分定期預金に比べて低金利だから手数料を考えたらメリットは少ない
国内の銀行や郵便局と同じか
外貨での定期預金ではあらかじめまとまった資金を用意する必要があるんですよね？
外貨預金は総代金での取引だからね
例えば1万ドルの外貨預金には1ドル１００円だとすると…
100万円が必要
1万ドル＝100万円
しかしFX取引ではレバレッジを使えば5万円程度の証拠金で取引が可能になる
1万ドル
FX
5万円
投資効率でみてもFX取引は外貨預金に比べて優れているといえるんだ

FXには満期もないですしね
そう だから換金性でもFX取引は優れていることになるよね
外貨預金では途中解約した場合は適用金利が格段に低くなってしまうこともあるから満期まで保有することが最低条件になるだろ
外貨預金
満期
一度申し込みをしたらお金を動かすことがなかなかできない
しかしFX取引ではいつでも買ったものは売ることができるし適用金利の変更もない
FX
そのうえ安い手数料で済むから多くの人に注目されているんだ

保証制度からみた外貨預金とＦＸ
でも安全性ではどうなんですか？
銀行預金と聞くと安全性が高いと思われがちだけど
外貨預金は預金保険の対象にはなっていないんだよ
したがって万が一銀行が倒産などした場合は外貨預金が帰ってくる保証がないんだよ
倒産
元本保証
じゃぁＦＸ取引の場合は業者が倒産したらどうなるんですか？
ＦＸ業界では「信託分離保管」というのが最近の主流になりつつある
これはお客様から預かった資金全額を信託会社などに預け入れ会社の資産とは完全に別に扱うシステムなんだ
会社資産
ＦＸ
顧客資金
信託会社

ＦＸ業界の法律が整備され透明性が高まってきたといってもやはりどこのＦＸ会社も銀行レベルの財務体質とはいかない
そこで多くのＦＸ会社は個人投資家保護の観点から万が一会社が倒産しても投資家の資産だけは返還ができるようにしているんだ
そんなシステムまであるんですか？
へ〜
なんか思ったより安全性が高いんですね
大きなＦＸ会社ほど信託分離保管制度を取り入れているもはや信託分離保管はＦＸ業界では常識となりつつあるんだよ
だからこれからＦＸ取引をはじめる人はこの信託分離保管制度を取り入れている会社と契約をすることをすすめるよ

第３章　ＦＸと株の信用取引の違い

市場取引と聞くと株式を想像しがちですけど
株でも担保を預ければ多めの資金を運用することができるんですよね？
よく知ってるな
「信用取引」というレバレッジをかけられる取引方法だね
信用取引？
「信用取引」は証券会社が投資家に株の買い付け代金を「貸す」という考え方になる
株
代金
貸
金利
証券会社
投資家
いっぽう買い手は証券会社から「お金を借りている」ことになるから日々 証券会社に金利を支払っていかなくてはならないんだ

売る場合は
どうなるん
ですか？
信用取引の「売り」は証券会社から
"株"を借りて売ることになる
証券会社
株
貸株料
逆日歩
株代金
投
よって信用取引の売り手は
株を「借りて」いることになるから
証券会社に「貸株料」という
レンタル代金のようなものを
支払わなければならない
払ってばかり
みたい……
利益が出る
のかな…
FX取引は
円絡み通貨ペアの
買いは金利を
受け取る側になり
売りは金利を
支払う側になる
株の信用取引を
していた投資家は
この点を疑問に
思うようだけど
FX取引は2国間の
金利差によって
受け払いが決められる
売
買
A国
B国
金利差

2008年4月現在

FX取引を始めたばかりの人はおそらくドル円などの円絡みの通貨ペアが主流になるだろうから
「買い」では金利を受けられると考えて問題ないだろうね
信用取引のレバレッジ
信用取引のレバレッジは何倍までかけられるんですか？
信用取引のレバレッジ比率はFX取引に比べると低いかな

信用取引のレバレッジは最大でも3倍なんだ
信用取引
×3
FX取引
×50〜100
FX取引なら数十倍会社によっては100倍以上のレバレッジをかけられるんだ
3倍と100倍！
本当にFXのレバレッジはすごいですね
ただレバレッジを大きくかけるとうまくいったときはその分大きく儲けることができるけど逆に予想に反した場合は大きく損失を出すことになる
FX取引は株の信用取引に比べてレバレッジだけを基準に考えればはるかにハイリスク・ハイリターンといえるだろうね

信用取引でもＦＸと同様に期限が繰り越しできるんですか?
いや信用取引は原則として期限があるんだ
具体的には一度ポジションを保有したら６カ月以内に反対の売買をしてポジションをクローズしなければならない決まりなんだ
6ヶ月
だるまさんがころん…
事実上信用取引では長期的視野に基づいて投資をすることは少ないんだけど
持ち時間無制限～
ＦＸ取引では何年でもポジションを保有することが可能だから投資家はより長期的視野でトレードが可能になる

制度信用取引の場合

取引時間と取引方法
信用取引はやっぱり株式市場の開いてるときが取引時間になるんですよね？
そう
原則として9時から11時12時半から15時までが取引時間になる
だから昼間に勤務している会社員や小さい子供がいる家庭では難しい
その点時間制限のないFXなら…いつでも取引の機会がある
夕食後
お風呂上りにリラックスして
寝る前
この点でもFXは優位性を発揮してるといえるだろうね
株式市場と外国為替市場では取引の仕方も違うんですよね？
FX取引が「OTC」であるのに対して株の信用取引は「取引所取引」だね
オー・ティー・シー？

相対取引のことだよ『Over-the-Counter Transaction』の略で取引所を経由せずに売り手と買い手が1対1で直接に取引するんだ
売
取引所
買
取引所取引
売
買
相対取引
「オー」
「ティーシー」
1対1だと売り手と買い手が見つからないと取引は成立しないんじゃないですか？
え～
為替市場は日本株市場とは比べものにならないほど巨大な市場なんだ
だから仮にどちらか一方が取引を拒否したとしてもほかの取引相手がすぐに見つかる
$
￥
￡
A$
元

為替市場取引高
日本株の約100倍近い市場規模だから
3.2兆ドル/日
東京証券取引所取引高
2〜3兆円/日
「損切り」がしやすいんだ
損切り？
基本的に買ったものはいつかは売って決済しなければならない
逆も同様
決済すれば当然利益か損失のどちらかが確定する
ころんだ…ゲェっ！
損
利
損失を確定することを「損切り」といいそれ以上の損失拡大を止められる
逆に利益を確定させることを「利食い」というんだよ
ころんだ…やった！
利
損

株式取引では売りか買いのどちらか一方が極端に多くなった場合値段がつかないというストップ高・ストップ安になる
これは損切りしたくても注文が成立しない状態だから投資家にとっては一度ストップを経験すると非常に恐怖心が募るんだ
しかし主要通貨のＦＸ取引は市場が厚いから常にだれかが取引に応じてくれる
誰かいるかなぁ～
買
買
そ～……
いつでも損切りを行い損失の拡大を食い止めやすいんだ
ぼくにも常に相手が現れればいいのに……
ぶつぶつ…
そのためにはまず株を上げないとね
そろそろ仕事に戻ろう昼休みはここまで!

◎損切り

為替取引にかぎらず、株式などマーケットに参加する多くの人が自らのトレード手法を持っています。そのなかで、損切りは最重要事項といっても過言ではありません。為替取引で、レバレッジを掛けて大きなチャンスを狙う裏面には、それと同等のリスクがあるということを忘れてはいけません。

常に１００％勝ち続けるトレーダーはいません。損失は必ず出るものです。ならば、「損失はここまで」とルールを決め、それを堅守することで、損失の拡大を食い止めることが重要になります。

「○○ポイントを切ったら手仕舞い」「建てたポジションより○○下がったら売り」など、ポジションを建てるときに、あらかじめ損切りラインを決めておきます。実際にポジションを所有すると、「自分の読みは間違っていない」「いまだけ辛抱すれば」「過去は上手くいった」など、いろいろな思いがよぎり、行動を鈍らせ損失を拡大させてしまいます。

損失は最小限に抑えて次のチャンスに備えましょう。

損切り

ポジションが思惑と
反対の動きを見せたときに、
これ以上損失を広げないために
反対売買を行って
損失を確定させること。

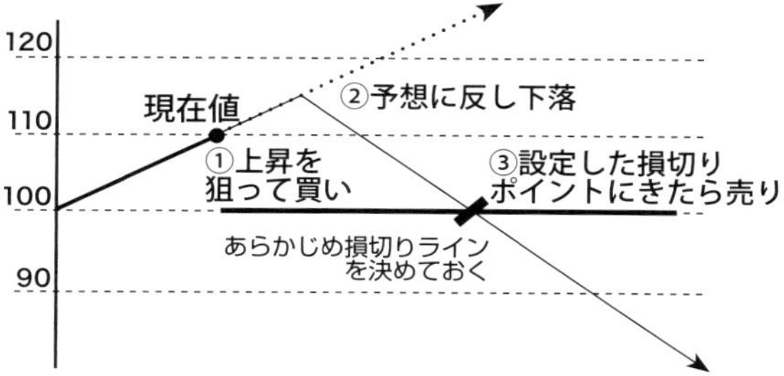
120
110
100
90
現在値
②予想に反し下落
①上昇を
狙って買い
③設定した損切り
ポイントにきたら売り
あらかじめ損切りライン
を決めておく

マーケットで生き残るために必要なのは、目先の利益を得ることではありません。大きな損失を被らないことです。
トレーディングはギャンブルではありません。
リスクコントロールをしっかり行って、損失は小さく抑えて、次のトレードに確実に切り替えましょう。

第4章　口座開設と取引開始の注意点

先輩
お昼の続きを…
……
やる気だな
第2会議室
ここを借りよう
キャリートレードは知ってるかい？
キャリートレード？
リスクが低いといわれている投資法だよ
へえ～
キャリートレードとは金利の低い国で資金を調達してその資金を金利の高い国の国債などで運用して金利差を受け取る投資手法なんだ

例えば
金利の低い日本円で
ローンを組み
そのお金を米国債で運用すれば…
¥
ローン
金利□%
アメリカ国債
金利△%
△－□＝利益
米国債の
金利収入から
日本での借り入れ金の
金利支払いを引いた分が
利益となるんだ
FXのスワップ収益と似ていますね
そうだね
だから多くの個人投資家がキャリートレードのような感覚でポンド円や豪ドル円ニュージーランドドル円などの高金利通貨の取引をしているんだ
でも！
注意しなくてはいけない
？

FXでは通常レバレッジをかけるからその大きさによっては金利収入なんてマーケットのほんの少しの値動きで簡単に飲み込まれてしまう可能性が高いんだ
あ〜また外した!!
ツンツン
大砲代請求
スワップ狙いをする場合はレバレッジを限りなく小さくしてできるだけ長期間の運用をする必要がある
大きくかけてはずしたときには大変なことになる
それができないのであればスワップ狙いのFX取引はやめたほうがよいだろうね

マージンコールとロスカット
レバレッジもスワップ金利も使い方しだいということですね
ああ
もし損失が生じたら証拠金が減ってしまうことになるんですよね
そうだね会社にもよるけど証拠金の担保価値が下がった措置として「マージンコール」を採用しているところがあるよ
マージンコール？

会社によってルールは若干異なる

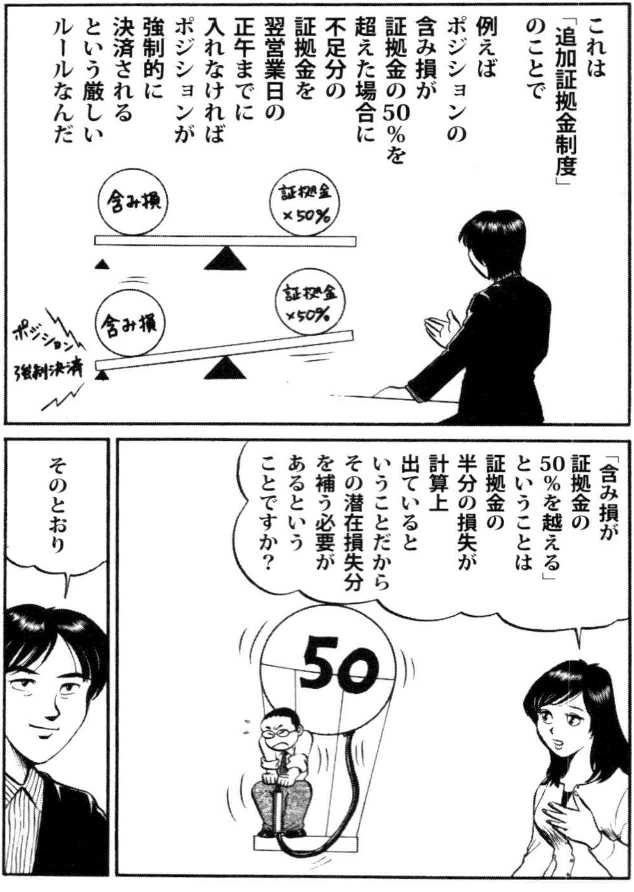
これは「追加証拠金制度」のことで例えばポジションの含み損が証拠金の50%を超えた場合に不足分の証拠金を翌営業日の正午までに入れなければポジションが強制的に決済されるという厳しいルールなんだ
含み損
証拠金×50%
含み損
証拠金×50%
ポジション強制決済
「含み損が証拠金の50%を越える」ということは証拠金の半分の損失が計算上出ているということだからその潜在損失分を補う必要があるということですか?
50
そのとおり

FX業界の草創期は商品先物取引の専門会社が一部門としてFX取引をしていたことが多かったから
追証（追加証拠金）というルールが常識的に存在していたんだ
砂糖
でも現在では新規参入が増えて導入していない会社も数多くあるけどね
取引する会社によるんですね
次にFX会社のほとんどが導入している「ロスカット」を説明しよう
ロスカットとは〝強制決済〟のことでポジションに大きな含み損が出て証拠金の担保能力がなくなりつつある場合に強制的にポジションが決済されるシステムなんだ
決済!!
含み損

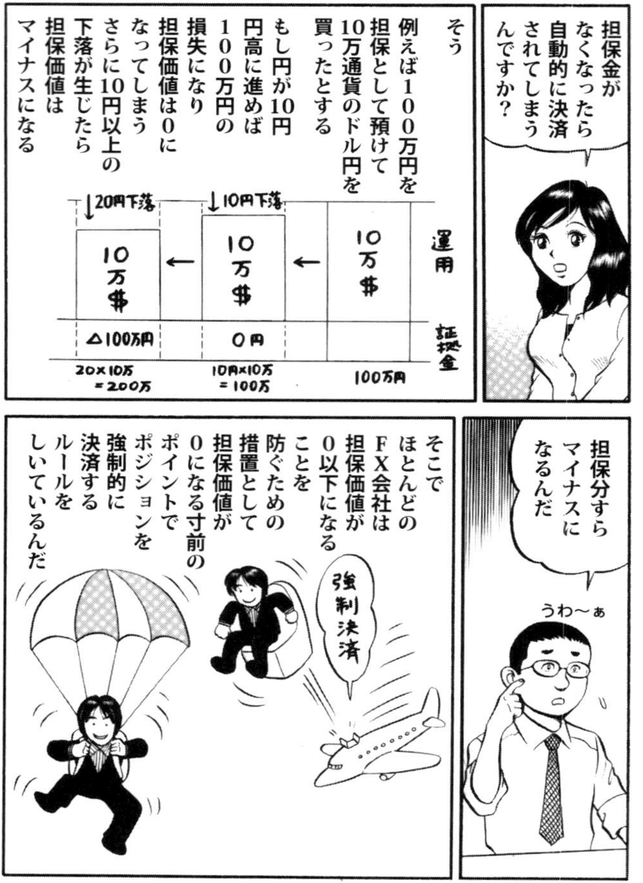
担保金がなくなったら自動的に決済されてしまうんですか？
そう
例えば100万円を担保として預けて10万通貨のドル円を買ったとする
もし円が10円円高に進めば100万円の損失になり担保価値は0になってしまう
さらに10円以上の下落が生じたら担保価値はマイナスになる
運用
証拠金
10万$
100万円
↓10円下落
10万$
0円
10円×10万
=100万
↓20円下落
10万$
△100万円
20×10万
=200万
担保分すらマイナスになるんだ
うわ〜ぁ
そこでほとんどのFX会社は担保価値が0以下になることを防ぐための措置として担保価値が0になる寸前のポイントでポジションを強制的に決済するルールをしいているんだ
強制決済

強制決済のポイントもFX会社それぞれで若干違うけどね
厳しいルールですね
為替レートが予想に反して大きく変動した場合決済した時点で多くの損失が出てしまうことになりかねない
気がついたら担保金が全額なくなったうえにさらに追加でマイナス分を支払わなければならないということも考えられる
予想が外れちゃったな～
決済
担保
えっマイナス？もっと早く気づけばよかった…
決済
つまりマージンコールもロスカットも投資家を大損から守るための救済措置なんだよ
会社サイドからの資金管理対策みたいなものですね
そうかぁ

FXでは リスク管理が 一番大切だ
ほかには システムリスクと いうのも存在する
システム リスクですか？
多くのFX会社が オンライン取引に 対応しているから いつでも パソコンや携帯電話 から注文を出せる ようになった とはいっても 取引ができなくなる リスクはある
注文
FX会社
取引
それは取引会社に システム トラブルが 起きたときだ
システム トラブル？

設備投資をしていない会社などは一度に大量の注文が入るとシステムが重くなったりトレードがまったくできなくなってしまう危険性がある
注文
注文
FX会社
パンク
サーバー
注文
サーバーには何千万円とコストがかかるから顧客が少ない会社ではなかなか設備投資ができないんだ
FX会社はできるだけサーバーにお金をかけている会社を選ぶべきだろう
税率からみたFX
FXでの利益には税金がかかりますか?
店頭取引と取引所取引の「くりっく365」では扱いが違うよ

「店頭取引」は総合課税扱い
年間で20万円以上の
利益が出た場合は
会社員であっても
確定申告をしなければならない
逆に損失となった場合は
〝雑損失〟として確定申告することで
税金の還付が受けられる可能性がある
税務署
確定申告

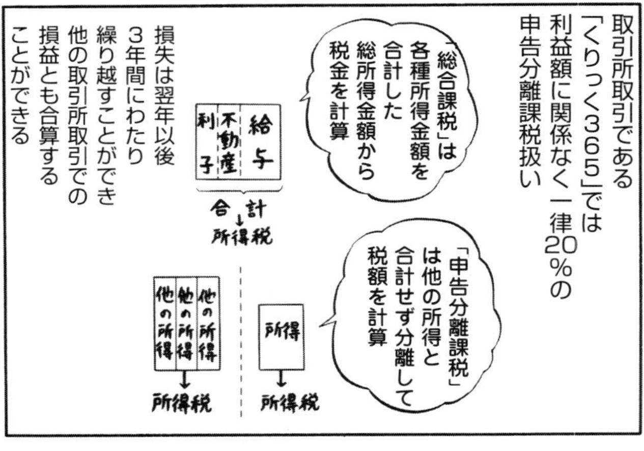
取引所取引である
「くりっく365」では
利益額に関係なく一律20%の
申告分離課税扱い
「総合課税」は
各種所得金額を
合計した
総所得金額から
税金を計算
給与
不動産
利子
合計
所得税
「申告分離課税」
は他の所得と
合計せず分離して
税額を計算
所得
所得税
他の所得
他の所得
他の所得
所得税
損失は翌年以後
3年間にわたり
繰り越すことができ
他の取引所取引での
損益とも合算する
ことができる

「くりっく３６５」って何ですか？
東京金融取引所で提供しているＦＸ取引のことで
くりっく３６５に加入している業者は２００８年４月現在14社あるんだ
店頭取引に比べて税務上では有利なんですね
店頭取引は総合課税だから儲けた金額が大きいほど税率は高くなるが
税率
儲
儲
税率
20%
くりっく３６５では一律20％ポジションの大きい投資家はくりっく３６５で行ったほうが税務上は有利といえるだろうな
よく脱税でニュースになるのはなぜですか？

（2008年4月現在）

店頭取引のＦＸ会社には顧客の情報を財務省に提示する義務がなかったんだ
これが原因で店頭取引のＦＸ取引は「事実上非課税」という図式となっていたんだ
情報提示義務なし
税
FX
FX
非課税
しかし最近は税務署も厳しくチェックしてるからＦＸの高額所得者が脱税で摘発されている事件が多くなってきたんだ
取引業者は登録番号の有無とシステム投資をしている会社を選べば失敗はありませんか？
ＦＸ会社は自己資本規制比率が１２０％を下回ってはいけない
また資本金は５０００万円以上なければならないなど多くの財務上の規制があるんだ
>120%
>500
万円

もちろん
これらに違反した場合は
業務停止などの罰則を
受けることになる
FX
情報開示
FX
財務に自信のある会社は
これらの情報を積極的に
ホームページ上などで
公表しているから
ＩＲ情報の開示に
積極的な会社を選ぶと
いいかもな
ＦＸ会社の３つの収益源
取引手数料が無料の会社もあるんですよね？
無料なら収益源はスプレッドだけだろ？
それだけでやっていけるのかなぁ？
ＦＸ会社には大きく分けて３つの収益源があるんだ
まずはスプレッド
２つ目はカバーディーリング
そして３つ目がスワップ
１つ目のスプレッドについてはさっき話したよな

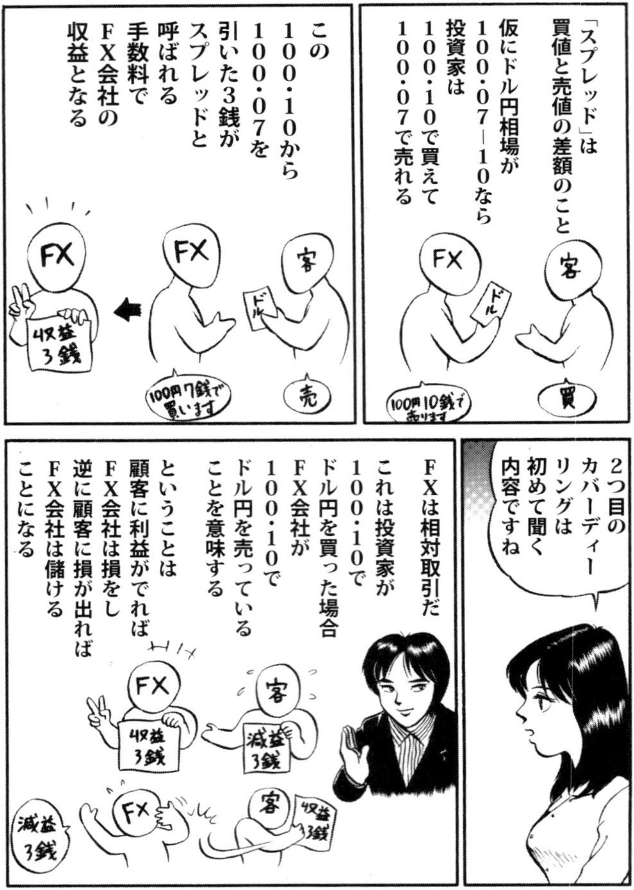
「スプレッド」は
買値と売値の差額のこと
仮にドル円相場が
１００・０７－１０なら
投資家は
１００・１０で買えて
１００・０７で売れる
客
FX
ドル
買
100円10銭で売ります
この
１００・１０から
１００・０７を
引いた３銭が
スプレッドと
呼ばれる
手数料で
ＦＸ会社の
収益となる
客
FX
ドル
売
100円7銭で買います
FX
収益3銭
２つ目のカバーディーリングは初めて聞く内容ですね
ＦＸは相対取引だ
これは投資家が
１００・１０で
ドル円を買った場合
ＦＸ会社が
１００・１０で
ドル円を売っている
ことを意味する
ということは
顧客に利益がでれば
ＦＸ会社は損をし
逆に顧客に損が出れば
ＦＸ会社は儲ける
ことになる
FX
収益3銭
客
減益3銭
減益3銭
FX
客
収益3銭

これだとFX会社が事業を継続させるためには顧客に負け続けてもらう必要がある
パチンコ
閉店
出る台を一台も置かねえからだ!!
これは会社にとっても顧客にとっても好ましい状態ではないだろう
そこでFX会社は100・10の〝売り〟ポジションと同数の〝買い〟ポジションを別のFX会社で建てポジション数を差し引きゼロにする
この状態を「スクエア」と呼ぶ
もしこの「別のFX会社」の買い値が100・05であれば100・10－100・05＝0・05すなわち5銭の利益をとることができる
FX
FX
ポジション
このようにFX会社が注文による為替リスクをなくすために別のFX会社に反対売買するのを「カバーディーリング」というんだ
実はこのカバーディーリングによる収益がFX会社の大半を占めているんだ
FX会社も他の会社と取引するんですね

次にスワップ収益
カバーディーリングは
もし顧客がドル円を買ったらＦＸ会社もドル円を買うことを意味する
そして顧客がドル円をロールオーバーすれば当然ＦＸ会社もドル円をロールオーバーすることになる
FX
ロールオーバー
ロールオーバー
ロールオーバーすることでスワップの受け払いが発生するんですよね？
そうだね
例えばドル円の買いスワップが１万ドルあたり１日１５０円なら
ドル円の買いポジションを１日保有すれば１日１万ドルにつき１５０円が手に入る
買いスワップ
¥150/日
ではこのスワップは誰が払うか？
ＦＸ会社が支払うんですよね

そう　この段階では
スワップの
受け払いに
関して投資家が
１５０円の利益
ＦＸ会社が
１５０円の損失を
持つことなる
しかしこのとき
ＦＸ会社も
「別のＦＸ会社」
でドル円を
保有して
いるとしたら
そしてその
別のＦＸ会社の
買いスワップが
１５２円ならば
どうだろう？
投
150
FX
152
他FX
投資家には
１５０円を
支払う一方で
ＦＸ会社は
１５２円を
もらうことに
なる？
そう
この場合は
差し引き
２円の
利益が生じている
投資家が売り
ポジションを
保有する場合も
同様に
ＦＸ会社には
利益が生まれる
2
FX
152
− 150
2
顧客の多い
会社では
スワップ収益
だけで月に
１０００万円
くらいの利益を
得ているんだ
１０００万円…
すごいですね

口座開設の流れとポイント
会社が決まったあとはどのように始めればよいんですか?
現在ほぼすべてのFX会社がホームページで口座開設ページを作っているから
簡単に申請でき口座開設に必要な書類や流れなどを分かりやすく説明している
免許証などの身分証明書のコピーが必要な場合が多いけど口座開設費用や維持管理手数料などは無料の会社がほとんどだから…
もしいくつかの会社に優位性を感じたら1社に絞らずに数社で口座を作るのもひとつの方法かもしれないよ
口座開設の流れ
HPで口座開設申請
（必要事項記入）
↓
申請書類到着
（必要書類、取引ガイド）
↓
郵送にて申込み
（申込書、身分証を提出）
↓
口座番号案内
（審査通過後、
口座番号やIDが到着）
↓
口座開設
（運用資金の入金および
専用ページの開設）

◎相対取引と各社レート

株式取引は取引所取引であるため、証券取引所での価格は銘柄につき、ひとつです。証券会社によって手数料やサービスが異なることはあっても、証券会社によって銘柄の株価が変わることはありません。

一方、ＦＸは相対取引であるため、同じ通貨ペアでも業者によってレートが変わります。ＦＸ業者は、顧客への売買をするだけではなく、自らディーリングをしながら利益を上げて、より顧客へ有利なレートを提供できるように努めています。

この点からも、業者選びは信頼できる会社を選ぶことが大切になります。

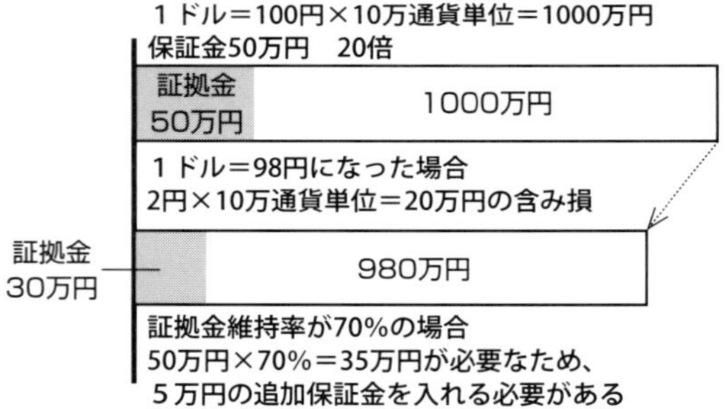
1ドル＝100円×10万通貨単位＝1000万円
保証金50万円　20倍
証拠金
50万円
1000万円
1ドル＝98円になった場合
2円×10万通貨単位＝20万円の含み損
証拠金
30万円
980万円
証拠金維持率が70%の場合
50万円×70%＝35万円が必要なため、
5万円の追加保証金を入れる必要がある

◎証拠金維持率

証拠金を担保にポジションを建てることができるＦＸですが、マーケットの変動によって含み損が生じた場合は、証拠金が目減りすることになります。その証拠金が「○％を下回ったら追加の証拠金が必要です」と、多くの業者で証拠金維持率が設定されています。

レバレッジをかけずに（または低倍率の）ポジションを建てた場合は、レートが変動してもあまり影響はありませんが、高レバレッジをかけている場合は、少しでも思惑と異なる方向へレートが動いた場合、含み損が出て証拠金も目減りします。

上記の場合、証拠金維持率の70％を維持できていないので、追加証拠金が発生するのです。

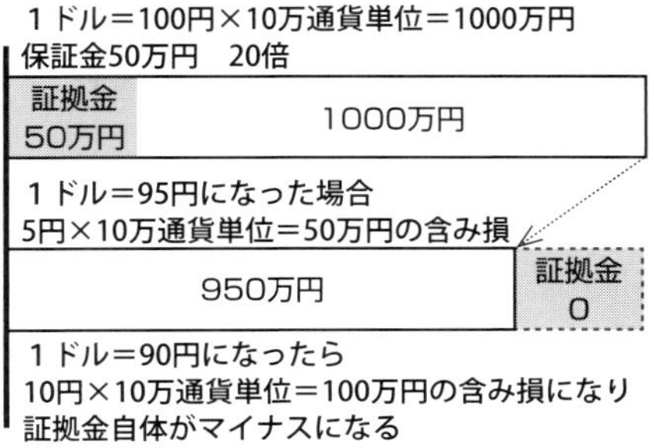
1ドル＝100円×10万通貨単位＝1000万円
保証金50万円　20倍
証拠金
50万円
1000万円
1ドル＝95円になった場合
5円×10万通貨単位＝50万円の含み損
950万円
証拠金
0
1ドル＝90円になったら
10円×10万通貨単位＝100万円の含み損になり
証拠金自体がマイナスになる

◎ロスカット

証拠金を預けてトレードをするＦＸでは、マーケットの変動によって、預け入れた資金は損失を含み、大きなマイナスを被ることがあります。

そこで、「必要証拠金が○％になったら、強制的にそのポジションを手仕舞いする」というルールがロスカットです。

ポジションの動きの遅い通貨ペアでは、追加証拠金などの対応で間に合いますが、動きの速い通貨ペアや、マーケットに影響を与える事由が起きたとき、さらに週末を挟んだポジションの所有では、ロスカットの発生が高まります。

ロスカットは罰則ではなく、あくまで損失を拡大させない処置です。

第5章　注文方法を知ろう

たしかに持っていないものは売れないと思うだろうね
とくに株式取引の経験者ならなおさらかな
FXは外貨売りの際にあらかじめ外貨を持っている必要はないまして株の信用取引のように取引会社から外貨を借りる必要もない
FXは通貨ペアの売買で厳密にいえば一度に2種類の取引をしているともいえる
客
「ドルを買って円を売る」
「円を買ってドルを売る」
FX会社
$
¥
客
客
客
客
〝どちらかを買う〟ということはその裏で〝もう一方を売っている〟ということになる

個人投資家のなかには「売り」に抵抗がある人が少なくないけどFXではあまり関係がない
それほど気にしなくてもいいと思うよ
1度に売りと買いを行っているのか…
へ～
オーダーの仕方にもいくつか方法があるから説明しておこう
売るか買うだけじゃないんですか？
オーダーは〝今の値段〟で取引をするかしないかで
プライスオーダー
リーブオーダー
「プライスオーダー」と「リーブオーダー」に分けることができる

プライスオーダーとリーブオーダー？
今の値段？
「プライスオーダー」は今のプライス（値段）で取引をするという意味で「成行注文」ともいう
「今の値段で買いたい」
「成行買い」
「今の値段で売りたい」
「成行売り」

じゃぁ
今の値段では
取引を
しないのが…
リーブ
オーダー？

そう
「リーブ
オーダー」の
リーブは英語で
放っておくと
いう意味で
指値注文の
ことを指すんだ
Leave

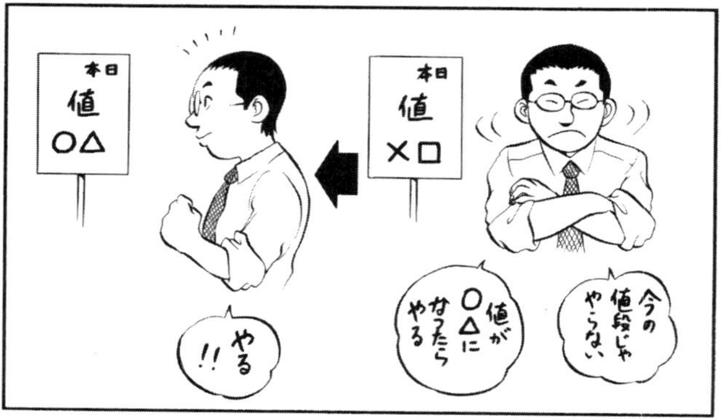
本日
値
×□
本日
値
○△
今の
値段じゃ
やらない
値が
○△に
なったら
やる
やる
!!

自分の希望額で注文をするということですか？
そう
日中マーケットを見ることができない会社員などは朝会社に行く前に指値注文を出していったり寝る前に指値を置いていく人も結構いるんだ
指値注文
ワク
ワク
どうなったかな……
でもその値段にならなかったらどうなるんですか？

指値注文では
マーケットが
その値段に
つかなければ
注文が執行される
ことはないんだ
まだ船
出ないの!?
こいつが
回る風が
吹かなきゃな
だから
指値注文は
成立しない
リスクがある
ということを知っておく
必要があるんだ
「成立しなければ仕方ない」くらいの気持ちで取り組めば
わりあい指値注文は便利に感じるはずだよ
そうかぁ注文が成立しないままになるのね
何でも希望どおりにはいかないってことか…

さらにリーブオーダーは「順指値注文」と「逆指値注文」とに大別できるんだ
「順指値注文」とは今の値段よりも〝有利な値段〟で取引する注文方法
有利な値段？
例えばきみが…
¥100.00
ドル円
買
ドル円を100・00で買ったとするきみはマーケットが将来101・00まで上昇するだろうと考えている
これを——
将来101・00まで上昇するだろう
101.00になったら売るよ！
100.00
101・00で売るということは…今売れる値段100・00よりも有利な値段で売ること
順指値注文になるのね

一方「逆指値注文」とは今の値段よりも〝不利な値段〟で取引する注文方法なんだ
これもドル円相場100・00でみてみよう
例えばドル円を100・00で買った…
¥100.00
ドル円
買
そしてマーケットが将来101・00まで上昇するだろうと考えている
もし下がってしまったら…
しかし予想が外れた場合のことを考えて…
99.00まで下落したらあきらめてこれ決済するよ
100.00
99・00の指値を出すこれを「逆指値注文」というんだ

99・00で売るということは今売れる値段100・00よりも〝不利な値段〟で売るということだから…
逆指値注文なんですね
そう
ソウ
茶化さないの!
便利な一括注文で損益確保とリスク管理
ここからはそれらの応用であるIFD注文OCO注文IFO注文について説明しよう
IFD注文?
「イフダン注文」といってまず指値注文を出しそれが執行されたあとのさらなる指値を指定する2段階の注文方法だ

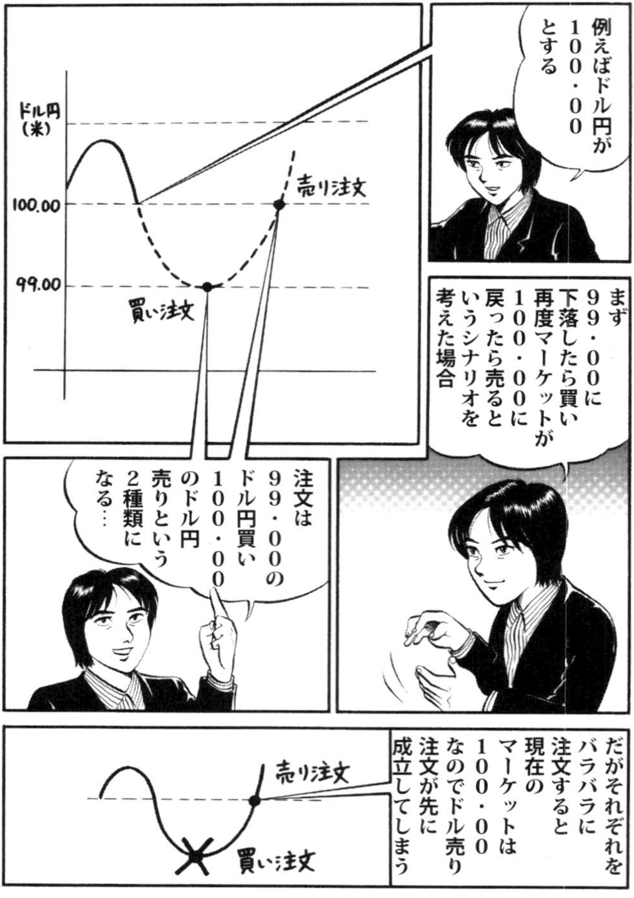
例えばドル円が100・00とする
ドル円(米)
100.00
99.00
売り注文
買い注文
まず99・00に下落したら買い再度マーケットが100・00に戻ったら売るというシナリオを考えた場合
注文は99・00のドル円買い100・00のドル円売りという2種類になる…
だがそれぞれをバラバラに注文すると現在のマーケットは100・00なのでドル売り注文が先に成立してしまう
売り注文
買い注文

そこでイフダン注文で「もし99・00まで下がったら買う」という注文をたてそれが成立してから100・00の売り注文を有効にするわけだ
一度に仕掛けと手仕舞いの両注文を出せるのは便利ですね
うん
次がオー・シー・オー注文
上下2つの指値注文を同時に出しどちらかが成立したらもう一方はキャンセルになる注文方法なんだ
One Cancel Other
ここでも例としてドル円のマーケットが100・00としよう
101・00に上昇したら売り仕掛けを…
ドル円が99・00に下落したら買い仕掛け…

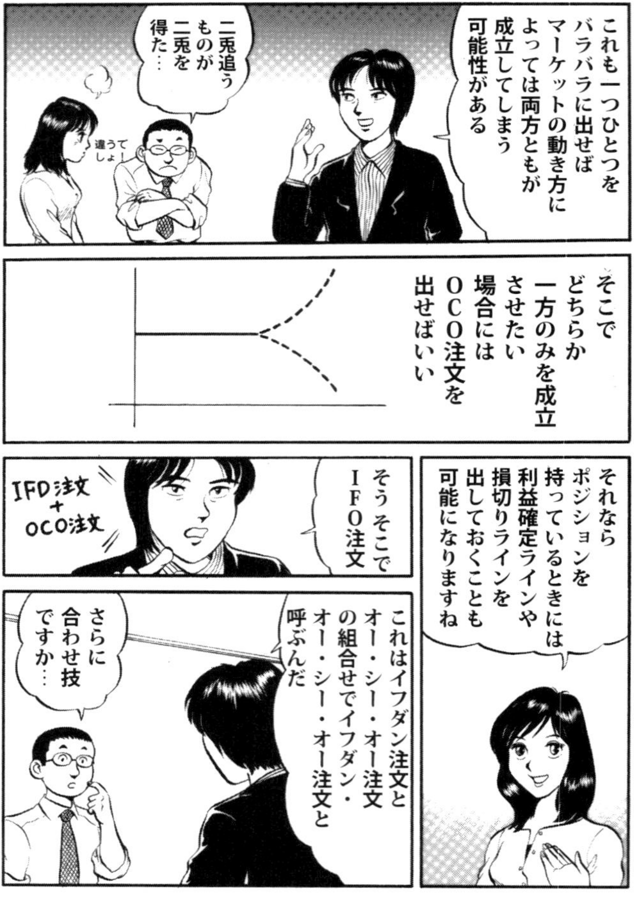
これも一つひとつをバラバラに出せばマーケットの動き方によっては両方ともが成立してしまう可能性がある
二兎追うものが二兎を得た…
違うてしょ！
そこでどちらか一方のみを成立させたい場合にはＯＣＯ注文を出せばいい
それならポジションを持っているときには利益確定ラインや損切りラインを出しておくことも可能になりますね
そうそこでＩＦＯ注文
IFD注文
+
OCO注文
これはイフダン注文とオー・シー・オー注文の組合せでイフダン・オー・シー・オー注文と呼ぶんだ
さらに合わせ技ですか…

最初は難しく感じるかもしれないけど慣れてくれればとても使い勝手の良い注文方法だよ
ここでも例としてドル円のマーケットを100・00としよう
その後100・00に戻ったら利益確定の売り
まずドル円が99・00に下落したら買い仕掛け
100.00
99.00
98.00
また予想に反して下落して98・00になったら損切りの売り
このような注文を一度に出すことができるんだ

仕掛けレベル
利益確定レベル
損切りレベル
この３つをあらかじめ決めて注文を出せるんですね
それらは投資戦略上においても非常に重要だから最近では特にＩＦＯ注文を使う人が非常に多く常識的な注文方法になっているんだ
それらの一括注文には有効期限があるんですか？
いくつかね

注文の基本的な有効期限は「デイオーダー」「ウィークオーダー」「ＧＴＣ」というものがある
デイオーダー
注文を出した日のＮＹクローズまで有効の注文
ウィークオーダー
金曜日のＮＹクローズまで有効の注文
期限まで不成立の場合には自動的にキャンセルされる
GTC
「Good Till Cancel」の略でキャンセルするまで有効な注文
これを出したらキャンセルし忘れた場合一生失効しないよ
ただこれについても会社それぞれでルールが若干異なったりするから
契約をするときには確認をしておいたほうがよいだろう

また逆指値の応用方法もあるんだよ
今度は逆指値の応用？
「トレイリングストップ」といって相場の世界では値段を追っかけることを指すんだ
トレイリングストップは「逆指値をしながら値段を追いかける」とでもいえるかな
値
Trailing（追っかける）
逆指値をしながら値段を追いかける？
つまりマーケットの高値（安値）更新に合わせて逆指値も上げ（下げ）ていくんだ
???

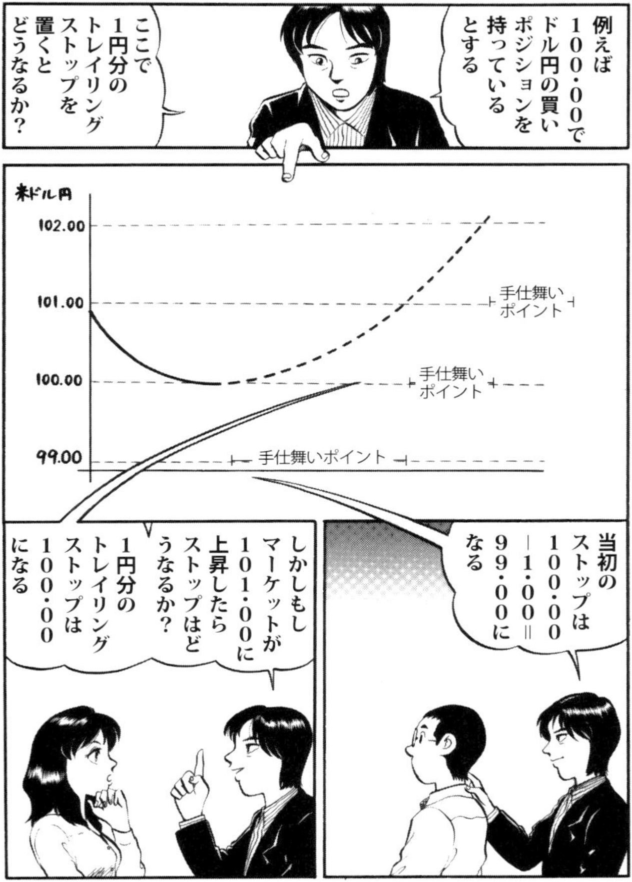
例えば100・00でドル円の買いポジションを持っているとする
ここで1円分のトレイリングストップを置くとどうなるか？
米ドル円
102.00
101.00
100.00
99.00
手仕舞いポイント
手仕舞いポイント
手仕舞いポイント
当初のストップは100・00－1・00＝99・00になる
しかしもしマーケットが101・00に上昇したらストップはどうなるか？
1円分のトレイリングストップは100・00になる

手仕舞いポイントを上げていくということですね
もし買っていたドル円が上昇し続けていればトレイリングストップも上昇し続け大きな利益を手にすることができるかもしれない
ただしこれは値段が有利に動いているときのみに使うんだよ
値段が下落しているときに逆指値を下げてしまったら逆指値は永遠に成立することはなく「いたちごっこ」になってしまうからね
やっぱりＦＸでも基本的な知識が不可欠ですね
もちろん！ルールを知らないと大怪我するのが投資というものさ
第2会議室

◎注文方法

申し込みが完了し、自分専用の管理画面ができたらマーケットの動きを見て、所有したいポジションを確定します。各会社でも、注文は画面にそって行えば簡単に発注できるようにできているようですが、簡単だからこそ急いで注文をすると注文方法や入力数字などを間違えてしまうことがあります。

多くの会社がホームページ上で、バーチャルトレード画面を用意しています。FXトレードの流れを試してみたり、会社によって画面構成も異なるので注文方法などを知っておくには有効でしょう。オーダーのほとんどをオンラインで行うので、管理画面の使い勝手を確認しておくことも重要です。

しかし、バーチャルトレードはあくまで実体（資金）を伴わない仮想のトレードです。実際に自分の資金が損失になるという痛みや焦りを伴う現実のトレードと異なるということを認識しておきましょう。まずはバーチャルでシステムに慣れ、実際の経験を少しずつ積み重ねていくことが大切です。

指値注文

「○○まで上がったら売り」
「○○まで下がったら買い」と、今よりも
有利な価格を指定して注文すること。

ⓐ110円になったら利食いの売り

または

ⓑ購入後の上昇を期待して買い

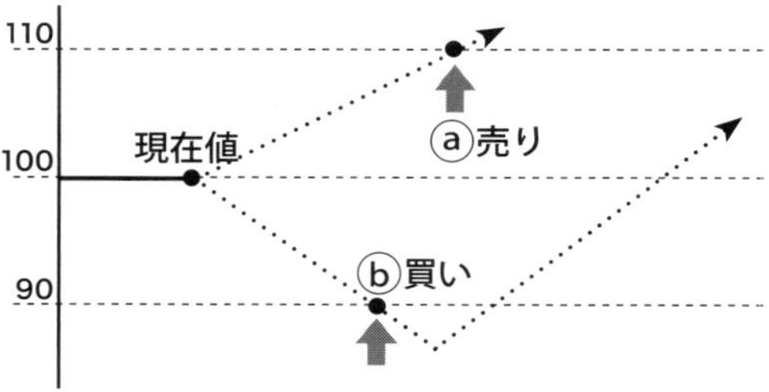

指値注文は、その価格に達しないかぎり成立しないので、スグにでも売りたい・買いたいという場合には不向きである。

逆指値注文

「○○まで下がったら売り」
「○○まで上がったら買い」と、今よりも
不利な価格を指定して注文すること。

ⓐさらなる上昇を期待して買い

または

ⓑさらなる損失を広げないための売り
（100円で買いポジションを建てた場合）

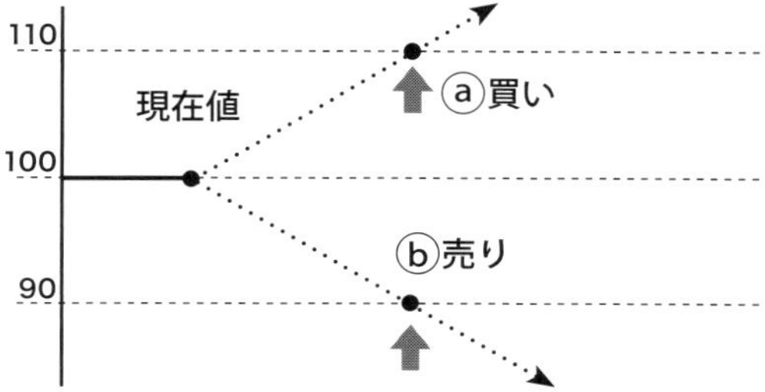

この価格を抜ければ、さらに値上がるだろうと考え、上昇傾向になったⓐの段階で購入を希望。
または上昇を見込んで購入したが、一定の値下がりを見せたら損失を抑えるために、ⓑで自動的に売ることでリスク管理をする。

ＩＦＤ注文

「まず、○○になったり買い、
その後、○○になったら売り」
というような２段階の注文方法。

①まず今よりも有利な値段で買いの指値注文

②で売れば、現在値で買った場合より利益が大きい

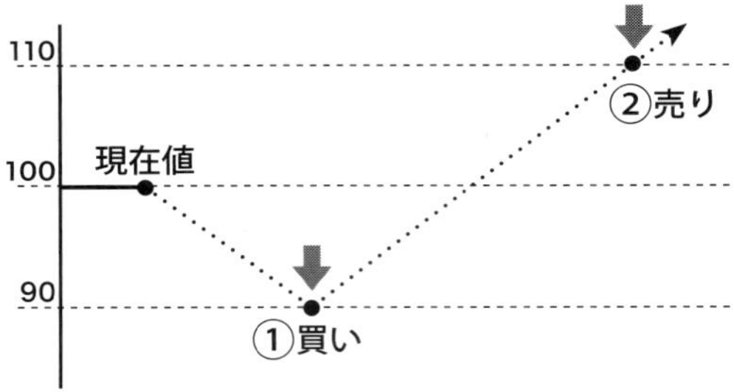

ＩＦＤオーダー：If Done Order
２段階のオーダーなので、①が成立して始めて②のオーダーが有効になる。

OCO注文

一度に２つのオーダーを出し、一方が約定したら、他方はキャンセルになる注文方法。

例えば、100 円で買いポジションを
保有していた場合……

ⓐ利益確保の売り指値注文

と

ⓑで損失限定の売り逆指値注文

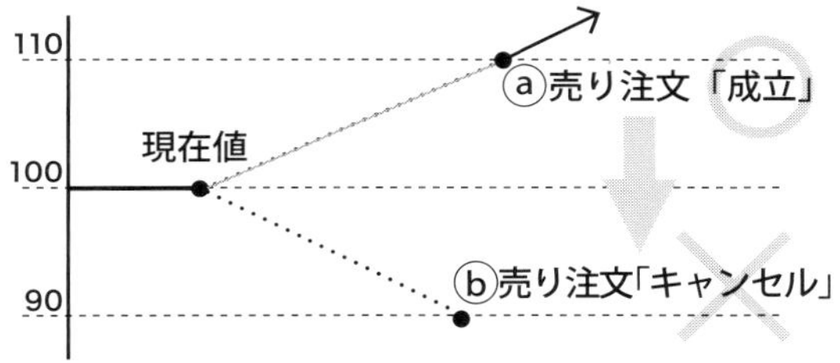
110
100
90
現在値
ⓐ売り注文「成立」
ⓑ売り注文「キャンセル」

OCOオーダー：One Cancels the Other
例えば、値上がったときの利食いの「売り注文」と、損切りのための売り注文を指値にてオーダーする。もし、一方が成立したら、他方はキャンセルになる。

ＩＦＯ注文

まず「〇〇になったら買い」、
それが成立したのち「〇〇」または
「〇〇になったら売り」のように
IFD と OCO の混合。

①「100円になったら買い」の注文

ⓐ現在値より高い120円で利食いの売り

または

ⓑ損切りのための売り

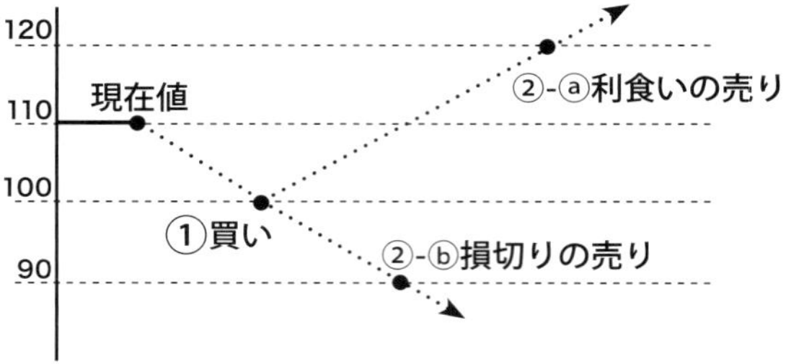
120
110
100
90
現在値
②-ⓐ利食いの売り
①買い
②-ⓑ損切りの売り

ＩＦＯオーダー：If done One Cancels the Other
まずひとつめの指値注文を出し、その注文が約定したら次のOCO注文が有効になるという２段階の注文方法。

トレイリングストップ

マーケットの上昇とともに
仕切りポイントとしての
逆指値を上げていく注文方法。

①で建てたポジションが上昇

②一定のポイントで仕切りラインを上げる

③下落した場合、最後のラインで損切り成立

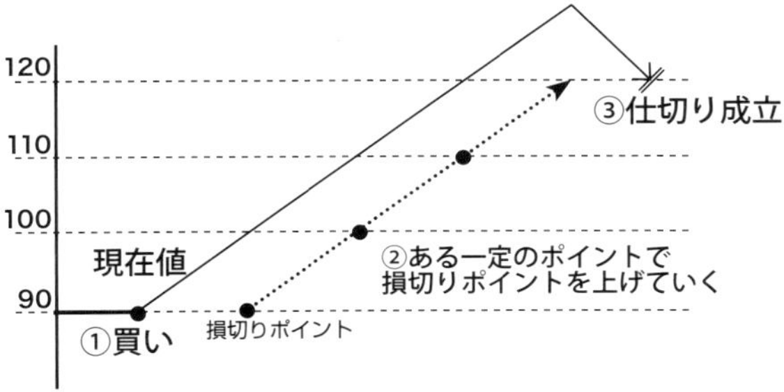
120
110
100
90
現在値
①買い
損切りポイント
②ある一定のポイントで
損切りポイントを上げていく
③仕切り成立

トレイリングストップをかけておけば、マーケットの上昇中には利益を伸ばせ、下落に入った場合は、ポジションを建てたときよりも有利な仕切りができる。

第6章　ファンダメンタル分析

注文のルールが分かったらどの通貨で取引するかですよね
やっぱりドル円が基本ですか？
FX会社によって扱う通貨は若干違うけど…

米ドル　ユーロ　豪ドル　NZドル　英ポンドなどの主要通貨はほとんどの会社で扱っているよ
A$
EUR
£
$
それ以外にも中国元や韓国ウォンタイバーツに南アフリカランドなどもあるけど
ややマイナーな通貨はどこでも扱っているわけではないのでそれらを取引したい場合取り扱っている会社を探さないといけないね
ただ初心者は基本的に主要通貨から始めるほうが無難だろうね

主要通貨以外だとどんなリスクがあるんですか？
流動性が低いから値動きが激しいんだ
うまくいけば利益が大きくとれるチャンスがある反面 損失も出やすいから
FX取引や為替相場に慣れていない人がいきなり取引するにはリスクが高いといえるんだ
各主要通貨にも特徴や違いがあるんですか？
勿論！
では7つの主要通貨の特徴を話そう

主要通貨の特徴
■ドル(USD)
いうまでもなくアメリカの通貨だ
世界中の貿易でほとんどの決済がドルで行われる
また世界中の外貨準備はほとんどドルで占められているんだ もちろん日本もね
原油の決済もほとんどがドルで行われている
$ 00
石油は中東の通貨で決済するのかと思ってました
ドルは世界の通貨の中心的な位置づけであり「基軸通貨」とも呼ばれている
それだけにアメリカの経済指標発表や要人発言がマーケットに与える影響は大きい
FX取引を行ううえではアメリカの動向をつかむことが大切だよ

■ポンド（GBP）
イギリスの通貨だね
昔はヨーロッパ諸国との
やり取りを海底に張った
ケーブルでしていた
という名残から
「ケーブル」という
愛称があるんだよ
£10
TEN
£10
そんなあだ名初めて聞きました…
恥ずかしい…
初心者は知らなくて当然
それに知るべきことは
通貨としての特徴だよ
ポンドは「非常によく
動く」のが特徴だ
ポンド円が
1日に3円動く
ことなどは
珍しくなく
ときには1日に
6円も動くことも
あるほどなんだ
6
3
ある意味
ハイリスク
ハイリターンと
いえるから
レバレッジの
管理には注意が
必要だ
レバレッジを
100倍かけて
るときに…
1日に
6円も動いて
しまったら…
こわい…
ね…

■オージー（ＡＵＤ）
オーストラリアの通貨
オーストラリアドルだね
FIFTY DOLLARS
世界有数の資源国であることから農産物・貴金属原油などの商品相場に影響を受けやすい通貨だ
石炭
鉄
ボーキサイト
食べ物もオイシイ♪
また金利は先進国の中でも高く年７・２５％で
次に説明するキウイ同様高金利通貨の代表的な通貨だね
円と比べると
たしかに…

（2008年４月現在）

■キウイ(NZD)
ニュージーランドの通貨
ニュージーランドドル
RESERVE BANK OF
NEW ZEALAND
5
THIS NOTE IS LEGAL TENDER FOR
FIVE
DOLLARS
国鳥がキウイという鳥であることから
ニュージーランドドルにはキウイという愛称がついているんだ
なんだ鳥のことか…
また！食べることばっかり…
隣国オーストラリアとの貿易上の関係からオージーの動きに追随することが多い通貨なんだ
またオージーと同じく金利が高く年8・25％高金利通貨の代表的な通貨でもあるんだ
8.25！

（2008年４月現在）

■カナダ(CAD)
カナダの通貨はカナダドルだね
CANADA
CENT・ONE HUNDRED
DOLLARS
資源国としての立場が強くしばしば原油などの商品市況に影響を受ける特徴がある
たしかに……
アメリカに近接しているけれどより自然や資源が豊かなイメージがありますよね
地理的要因からアメリカとの貿易が多く輸出入ともに1位
よってアメリカの経済動向に左右されやすくもあるんだ

（2008年１月１日現在）

■ユーロ
（EUR）
欧州連合の
15カ国が
公式に採用
ドルの次に
流動性が高い
500 EURO
ΕΥΡΩ
ニューヨークのテロ以降は少しずつドルからユーロへシフトが進み原油決済もユーロ建てで行われる場面も増えているんだ
ドルも永久に……とはいかないんですね
しかしまだ「ドルの次」という立場はしばらく変わりようはない
ユーロ圏の経済指標で大きくマーケットが動くことはあまりないんだ
どこの世界でもトップになるのは難しいんだなぁ
仕事の話？ それともプライベート？

■スイス(CHR)
スイスの通貨であるスイスフラン
BANQUE NATIONALE SUISSE
BANCA NAZIONALE SVIZZERA
Dix Francs
Dieci Franchi
スイスの金利は2・75%で先進国のなかではそれほど高くない
日本よりは高いわ…
金利が低いのなら私たち日本人には買うメリットはないですね
金利だけ見ればねただスイスは永世中立国だから戦争などの有事のときにスイスに資金が集まる傾向が強い
戦争を待つという意味じゃないけどね

(2008年4月現在)

FXでは金利の違いだけみていてもダメということですね
その国の背景や特徴についても勉強することが重要なんですね
今の特徴がすべてじゃないからね
それに通貨が動くのは〝いつか〟を読むことが非常に重要だよ
どういうときに通貨はよく動くんですか？よく動くときに仕掛ければチャンスですよね？
FXマーケットは経済指標発表の時間帯に非常によく動くんだ日中まったく動いていなかったマーケットが経済指標の発表を契機に動き始めることなどはよくある話だ
FXで注目されている重要な経済指標をいくつかピックアップしてみよう

重要な経済指標
米雇用統計（非農業部門雇用者数）
文字どおり農業部門以外の雇用者数が前月に比べて増えたか減ったかを表すものです
アナリストの予想と発表結果が大きく離れることも多くまたすでに発表された前月の結果が大幅に改定されることも多いため注意が必要です
雇用
米

大抵の場合は発表された結果が良ければドル買いにつながり結果が悪ければドル売りにつながります
雇用

しかしそうならない場合も多いため初心者は雇用統計の前にはポジションを持たないほうが安全です雇用統計前にポジションを閉じるプロのディーラーも多いのです
雇
デ
ポ
ポ
デ

貿易収支
為替とは通貨の交換という意味であり貿易は為替そのものです
輸入するから外貨に変えて
貿易が済んだから国内通貨に戻して
銀行
外
¥
結果は「前月よりもいくら増えたか・減ったか」で表示されます
赤字が増えたもしくは黒字が減った場合その国の通貨は売られる傾向があり
赤字
貿易
外貨が要るな
逆に赤字が減ったもしくは黒字が増えた場合その国の通貨は買われる傾向になります
どの国の貿易収支の指標もFXマーケットにとっては重要です
黒字はとっとと国内通貨に
貿易
黒字（外貨）
¥

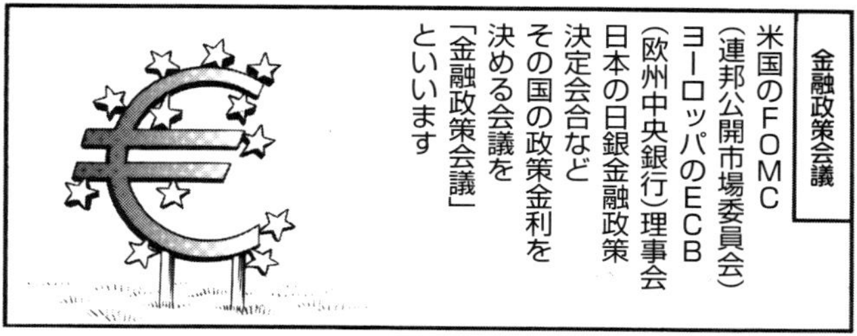
金融政策会議
米国のＦＯＭＣ（連邦公開市場委員会）ヨーロッパのＥＣＢ（欧州中央銀行）理事会日本の日銀金融政策決定会合などその国の政策金利を決める会議を「金融政策会議」といいます

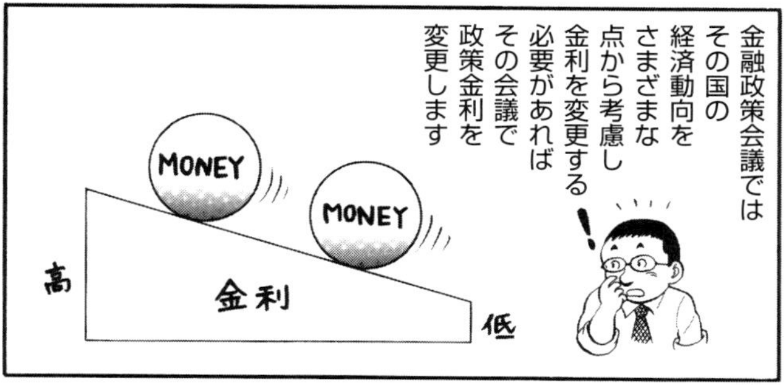
金融政策会議ではその国の経済動向をさまざまな点から考慮し金利を変更する必要があればその会議で政策金利を変更します
！
MONEY
MONEY
高
金利
低

金融政策会議の前は思惑でマーケットが乱高下することもありますので注意が必要です
○○するかも
市場
¥
$
€

物価
FX取引では物価は非常に重要になる
物価が影響を与えるんですか？
景気が上昇しているとき政府は金利を引き上げ国民の消費意欲を減らし物価を下落させようとします
金利
政
貯蓄
逆に景気が下落しているとき政府は金利を引き下げ国民の消費意欲を向上させ物価を上昇させようとします
政
金利
消費

物価が上がれば
マーケットに
金利引き上げ
懸念が生まれ
その国の通貨が
買われたりします
物価
上限
買
通貨
逆に物価が
下がれば
マーケットに
金利引き下げ
懸念が生まれ
その国の通貨が
売られたりします
物価
下限
売
通貨
通貨
やっぱり情報を集めることも大切なんですね
為替の変動にはいろいろな要因があるから関係する重要な情報にも気を配るべきだな

為替レートの変動要因
・実需
輸出企業の外貨を円に替えるための円買いや輸入企業の商品の仕入れ時の外貨買いなど必然的に必要となる為替取引のことをいいます
私たちが海外旅行に行くときも当然外貨が必要になります
空港で円をその国の外貨に替える行為も実需といえます
また機関投資家による外国株式の長期投資のようなしばらく反対売買のない取引も実需といえるかも知れません
これまでお話した実需例の共通点は反対売買の必要のない「買い切り」「売り切り」の取引ということです
「買うだけ」
「売るだけ」

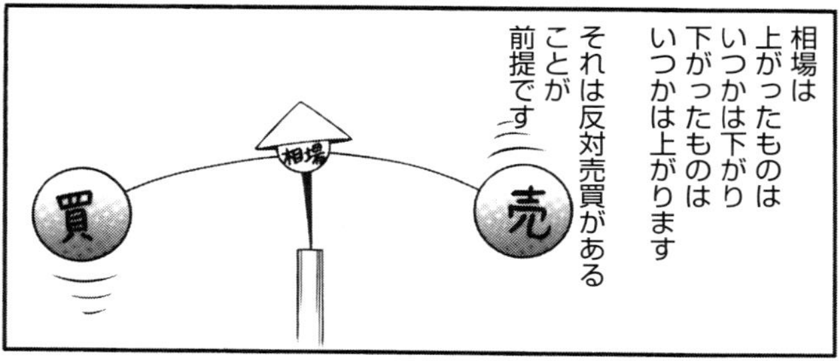
相場は
上がったものは
いつかは下がり
下がったものは
いつかは上がります
それは反対売買がある
ことが
前提です
相場
売
買

しかし実需は
反対売買が
ありません
買ったものを
売ることもなく
また売ったものを
買い戻すことも
ありません
八百屋
リサイクルショップ

ＦＸマーケットでは
輸出入企業などの実需動向は
絶えず注目されています
それは大きな実需が
入ったときなどは
マーケットが大きく動く
場合があるからです
FX
実需
輸

・投機
実需と違い
反対売買のある取引です
つまり安く買おう
高く売ろうという行為です
マーケットの参加者の
ほとんどはこの投機を
目的としています
おいしいですよ!
問屋
"売るために買う"
食品

投機はマーケットに
流動性を与えます
投機筋のいない
マーケットでは
買いたいときに
売り手がいないため
買いたくても買えない
ということになるのです
流れないね
越前屋
売って下せえ

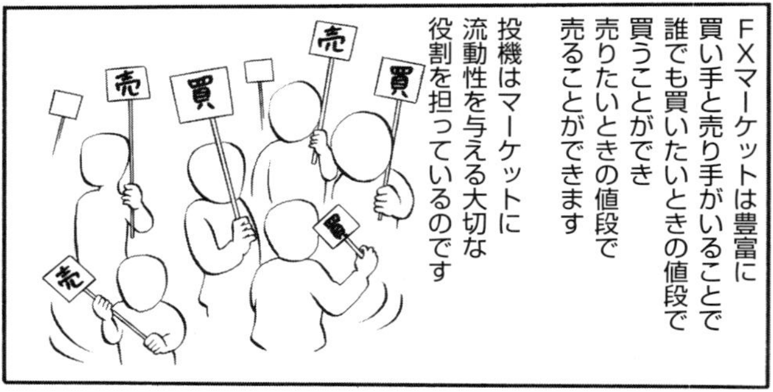
FXマーケットは豊富に
買い手と売り手がいることで
誰でも買いたいときの値段で
買うことができ
売りたいときの値段で
売ることができます
投機はマーケットに
流動性を与える大切な
役割を担っているのです
売
買
売
買
売

・夏枯れ、冬枯れ

ＦＸでは投機目的の売買は実質
インターバンクディーラーが
行っています
彼らの多くが長期間休む
7月・8月は市場に
いつもの流動性がなくなります

また12月は
特に流動性に欠けます
ノルマを達成している
ディーラーは
あえて12月に
勝負などしません
12月に勝負している
ディーラーはノルマを
達成していないのです

しかし夏と違い
彼らはノルマを
達成しなければ
いけません
ですから
結構無茶な
トレードをして
マーケットが
乱高下することが
よくあるのです

市場介入
政府が為替市場の安定を図り熱狂したマーケットを冷ますために政府が直接為替市場に注文を出すことをいいます
市場
金額は膨大で市場に大きな影響力を与えることができますまた実際に介入を行うことで市場参加者に対しても大きなメッセージを送ることにもなります
出てけ
効かなくなったじゃねえか
日本
外
外
日本は以前ドル買い円売りを繰り返しましたが相場操縦と非難されまた介入自体がさほど効果がなくなり近年ではあまり行ってはいません
するぞ
するぞ
介入するぞ
最近では介入をほのめかしたほうが効果があるというのが共通した見解のようでどの国もあまり実際に市場介入を行っていません
たしかに…
当たり前になると効果が半減しますね
必要なときを見越すのも重要だからね

ファンダメンタル分析の注意点
本当にいろいろな要因があるんですね
2会議室
そうだよ
ではそれらを分析するファンダメンタル分析について説明しよう
ファンダメンタル分析は数十年前までは画期的な分析方法だったんだ
あとで説明するテクニカル分析も存在していたけど当時のテクニカル分析者たちは肩身が狭かったようだ
しかし現在ではファンダメンタル分析のみでトレードをしている人はいないかもしれないな
どうして今はテクニカル分析が主流になったんですか？

ファンダメンタル分析が「時間」という要素を加味していないからだといえるかな
ファンダメンタル分析は長期的な方向性という点では多くの場合で当たるけれど
トレードをするうえでは「方向性」だけでは勝てない場合が多いからだろうな
では相場で一番大切な要素は何ですか？
「方向」ではなく「タイミング」だね
上昇すると思って買った株が最終的には上昇したとしても
その間で急落したら…場合によってはその急落で損切りを余儀なくされることもでてくる
買
上昇
ファンダメンタルズは有効な分析法ではあるけれど
それだけでトレードに勝つことはできないだろうね

■ファンダメンタル分析

為替レートには、さまざまな要因が影響を与えます。それらの各種要因と市場の関連性を考慮し、分析していくのがファンダメンタル分析です。

マーケットは経済・政治などのファンダメンタルズに基づき変動することが常なので、それらがどのように起因しているかを把握しておくことは重要になります。しかし、ファンダメンタル分析では、判断すべき要素が多種多様で、かつ中長期的視点である感は否めないため、テクニカル分析と併用して売買のタイミングを計ることが重要になります。

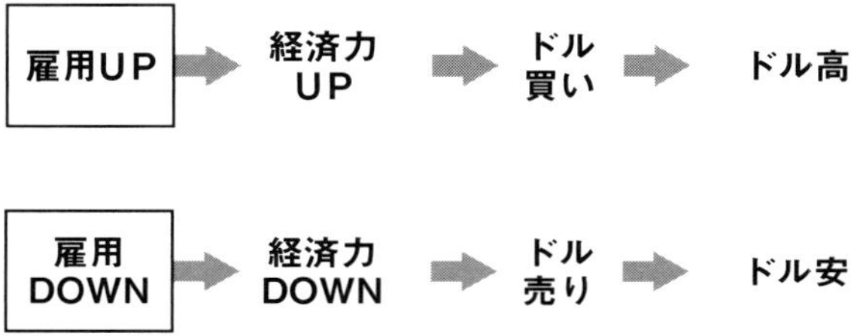
雇用UP
経済力UP
ドル買い
ドル高
雇用DOWN
経済力DOWN
ドル売り
ドル安

◎**米雇用統計**

米国では雇用状況が政策指標の重要な目安になり、雇用統計は毎月発表されます。統計結果は米国の金融政策に影響を及ぼすだけでなく、為替マーケットの中心を担う基軸通貨であるドル（そして世界中の通貨）にも影響を与えます。

発表直後に為替レートが大きな変動を見せることも少なくありません。その変動をピンポイントに狙うトレーダーもいますが、初心者は発表前にはポジションを手仕舞っておくのが得策でしょう。

なお、日本においては物価が重要な政策指標になり、雇用統計はあまり重要視していません。

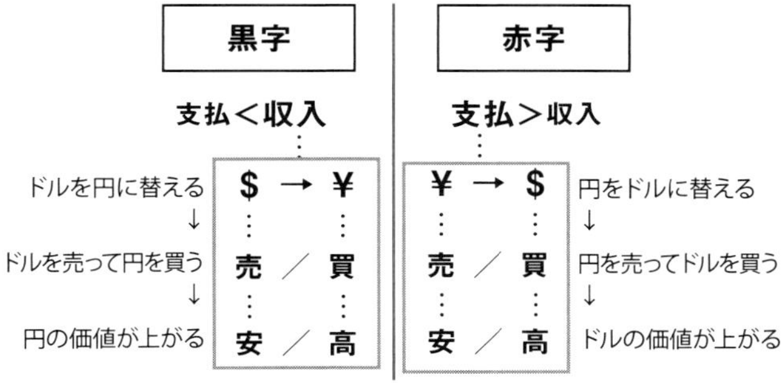
黒字
支払＜収入
ドルを円に替える
↓
ドルを売って円を買う
↓
円の価値が上がる
$ → ￥
売 ／ 買
安 ／ 高
赤字
支払＞収入
￥ → $
売 ／ 買
安 ／ 高
円をドルに替える
↓
円を売ってドルを買う
↓
ドルの価値が上がる

◎国際収支

国際収支は、ある国の、ある一定期間の経済的な国際取引をまとめたものです。大別すると経常収支と、資本収支からなり、さらに経常収支のひとつが貿易収支で、輸出入の収支を指します。

貿易収支が黒字ということは、輸入（支払い）よりも輸出(受け取り)が上回るということです。貿易によって流入した外貨は、国内通貨に替えられます。

つまり、日本が貿易で黒字収支になった場合、輸出によって手に入れた米ドルは、円に替えられるのです。

第７章　テクニカル分析

タイミングを計るのに重要なテクニカル分析はどのようなものですか？
テクニカル分析で基本となるのは価格グラフ化したチャートだろう
チャートは単純に過去の値段をグラフ化した「数字の羅列」にすぎない
しかし…
その根底にあるものは為替取引をしているトレーダーの心理と行動なんだ
人の心理と行動が値段を動かすんですか？
イミがよく……

そう！
人の行動形式は簡単には変わらないという前提から過去の事例は繰り返されるものだととらえたテクニカル分析が流行するようになったんだ

チャートの見方
120
115
110
105
100
チャートは目にしたことはあったけど…
見方がよく分からないわよね

グラフには必ず縦軸と横軸があるよね
縦
横
チャートの縦軸には値段横軸には時間を載せる
値段
時間
また表す時間軸を変えることでさまざまなチャートを描くことができる
それらは5分30分60分などの分足《ふんあし》
1日ごとの日足《ひあし》1週間ごとの週足《しゅうあし》1月間ごとの月足《つきあし》と呼ばれる
なぜ黒や白のボックスがあるんですか？

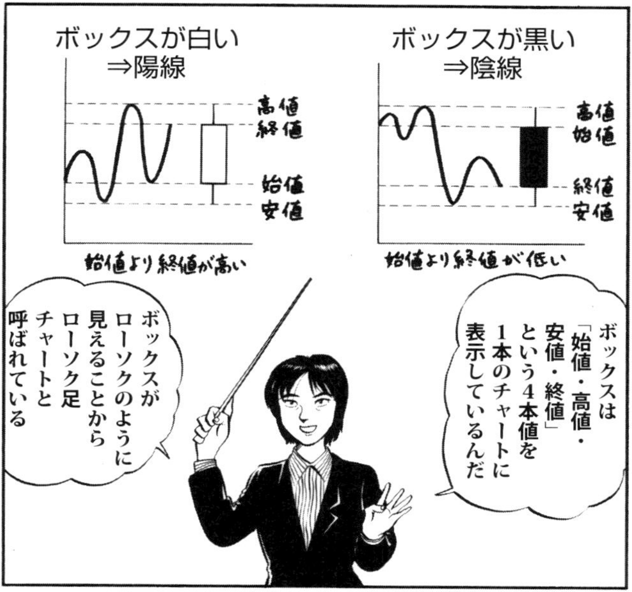
ボックスが白い
⇒陽線
高値
終値
始値
安値
始値より終値が高い
ボックスが黒い
⇒陰線
高値
始値
終値
安値
始値より終値が低い
ボックスは「始値・高値・安値・終値」という4本値を1本のチャートに表示しているんだ
ボックスがローソクのように見えることからローソク足チャートと呼ばれている

陽線が続けば上昇相場
陰線が続けば下降相場
トレンドがひと目で見て取れる便利なチャートなんだ
たしかに白と黒で分かりやすい

さらに分足の細かい動きから月足の大きな為替の流れまで確認できるから見方に慣れておくといいよ
その日その瞬間の値動きが分かるんですね
ローソク足チャート以外にもバーチャートやドットチャートなどさまざまなものがあるけど基本的には情報はほとんど同じだからいろいろ調べて自分にあったものを使えばいいと思うよ
チャートで値動きが見られるのは分かりましたがタイミングはどう計るんですか?
ではタイミングを計る指標(インディケーター)をいくつかみてみよう

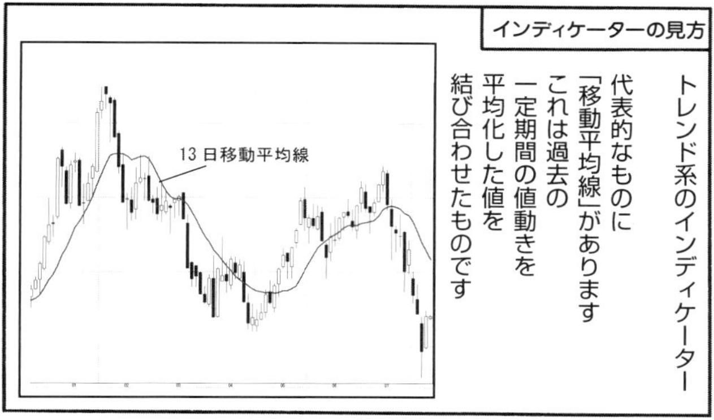
インディケーターの見方
トレンド系のインディケーター
代表的なものに「移動平均線」があります
これは過去の一定期間の値動きを平均化した値を結び合わせたものです
13日移動平均線

チャートに表された価格は常に波を打っている　どんなに急上昇しているマーケットでも　その中には何度か下落している場面はあるんだ
移動平均線は価格の不規則な波を平準化しなだらかにするので分かりやすい…　多くのトレーダーが使用している基本的なインディケーターだよ

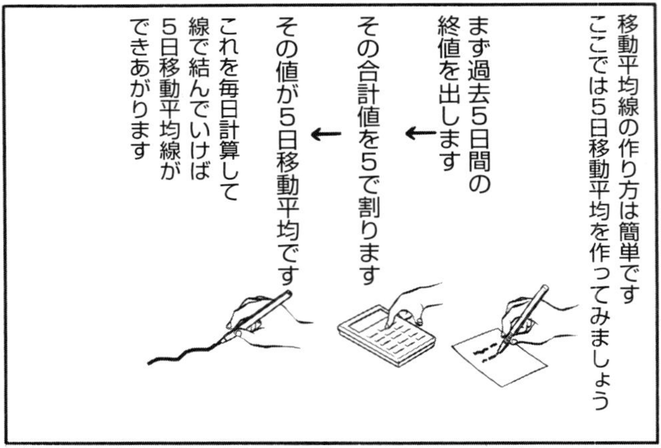
移動平均線の作り方は簡単です
ここでは5日移動平均を作ってみましょう
まず過去5日間の終値を出します
その合計値を5で割ります
その値が5日移動平均です
これを毎日計算して線で結んでいけば5日移動平均線ができあがります

では移動平均線の実際の使い方に入りましょう
ここではもっともポピュラーな「ゴールデンクロス」と「デッドクロス」を取り上げようと思います

先ほど5日移動平均線を
作りましたが
もう1本
10日移動平均線を作ります
つまりチャート上には
「2本の移動平均線」がある
ということになります

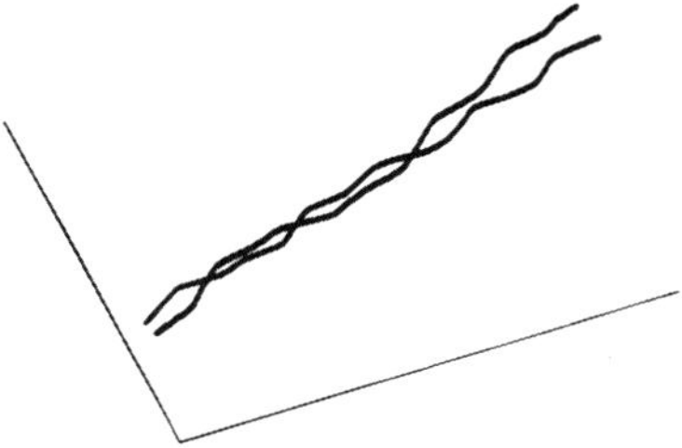

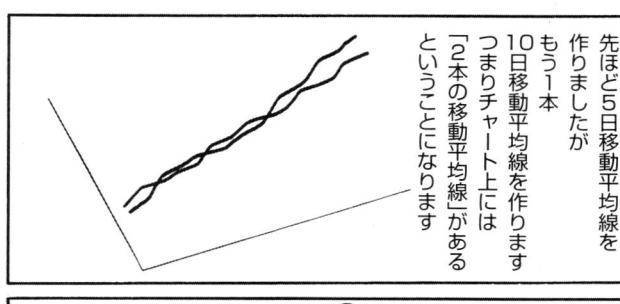

この2本が上下し
5日移動平均線が
10日移動平均線を
上回った状態では
一般的に
「買いサイン」
といわれています

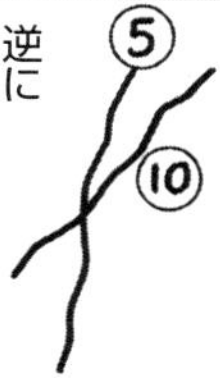

逆に
5日移動平均線が
10日移動平均線を
下回った状態では
一般的に「売りサイン」
といわれています

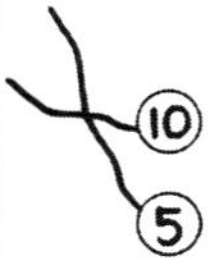

短期線が長期線を
上回ることを
「ゴールデンクロス」
下回ることを
「デッドクロス」といい

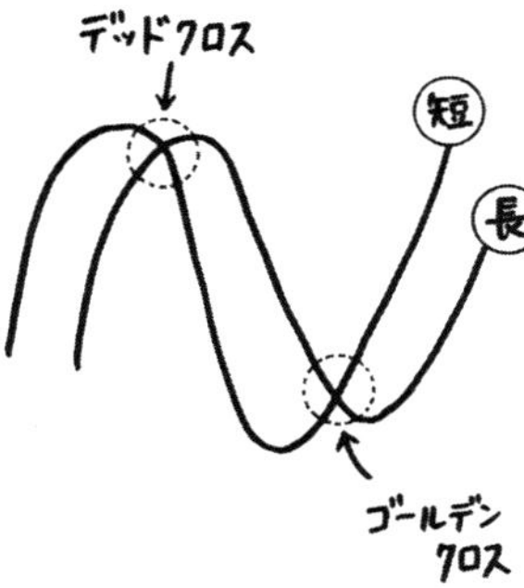

トレンド分析の
基本中の基本とされています

オシレータ系のインディケーター
オシレータとは「振り子」のことである一定の範囲を振り子のように推移する指標なんだよ

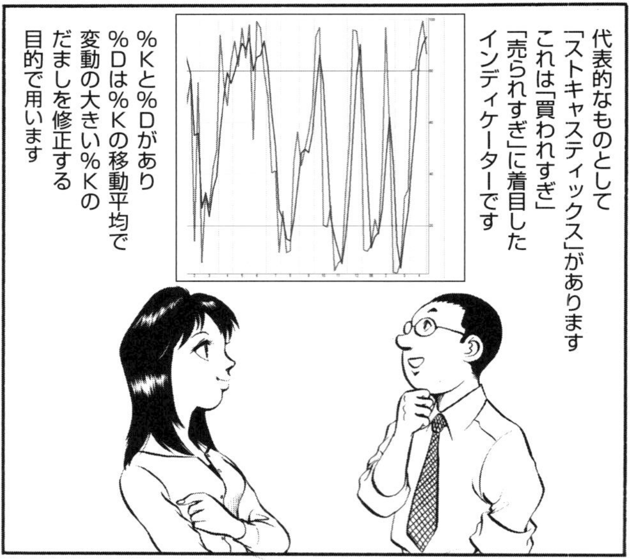
代表的なものとして「ストキャスティックス」がありますこれは「買われすぎ」「売られすぎ」に着目したインディケーターです
%Kと%Dがあり%Dは%Kの移動平均で変動の大きい%Kのだましを修正する目的で用います

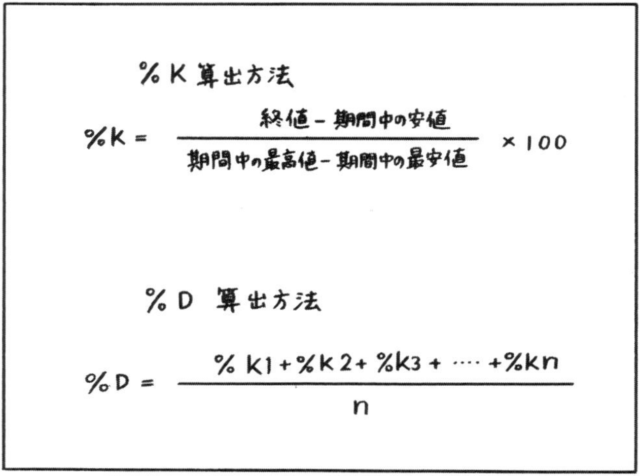
%K算出方法
%K = 終値－期間中の安値 / 期間中の最高値－期間中の最安値 ×100
%D算出方法
%D = %K1+%K2+%K3+……+%Kn / n

%Kの算出期間は一般的には5日間が多く使用されています
計算式は5日間の変動幅(分母)のなかで現在の値段がどの位置にいるかを示すものです

%K も%Dも必ず
0から100の
間に収まる
ことになります
一般的には〝20より下〟
だと売られすぎ
よって「買いサイン」
〝80より上〟だと
買われすぎ
よって「売りサイン」と
いわれています

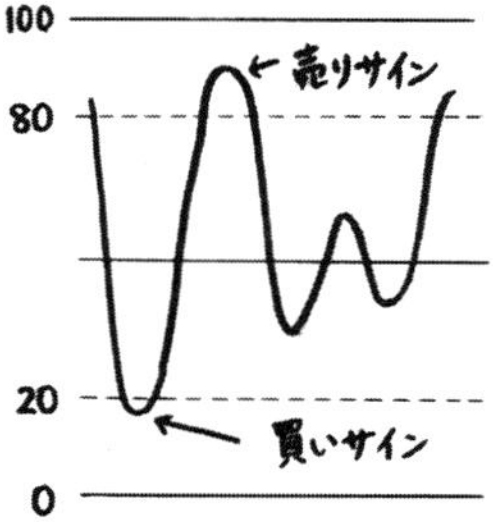

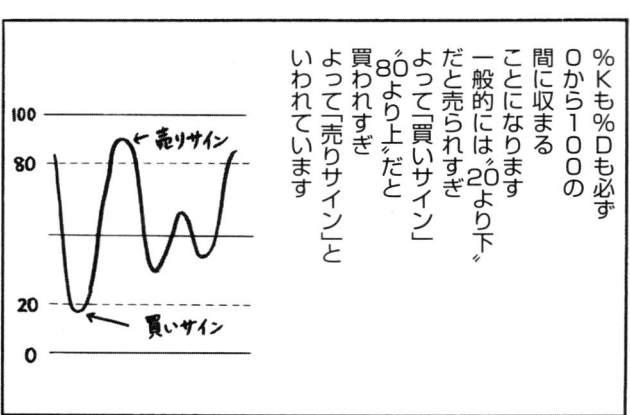

またオシレータ系は
比較的に短期間の
トレード環境で
使用されます

トレードで
勝つためには
トレンドに
乗ることが
大前提です
よって基本は
トレンド系の
インディケーターを
使いながら
副次的に
オシレータ系を
使用している人が
多いようです

テクニカル分析の注意点
テクニカルインディケーターは現在何種類位あるんですか？
有名なものだけでも数十種類はあるかな
テクニカル分析はヘッジファンドマネジャーやディーラーが当たり前に活用する「相場分析の顔」だからね
やっぱり…
勝つためにはそれらすべてを使いこなせなければならないですか？

そうとはいえないよ
むしろ多くのインディケーターを持ちすぎてトレードをするときの判断を躊躇してしまうかもしれないからね
じゃぁどれを使えばいいんですか？
え〜
どのインディケーターにも必ず長所と短所があるからそれらを理解したうえで使いこなせるようになるのが一番だな
短所があるんですか？
え？

トレンド系のサインは基本的にマーケットが上昇しているときに「買いサイン」マーケットが下落しているときに「売りサイン」が出る
買い
売り
つまり「買いサイン」で買うことは〝上がった後を買う〟ことを意味する
上がる
上がった
しかし買ったところが天井になることもありド高値を掴んでしまう可能性があるんだ
ではオシレータ系の短所はどんな点ですか？

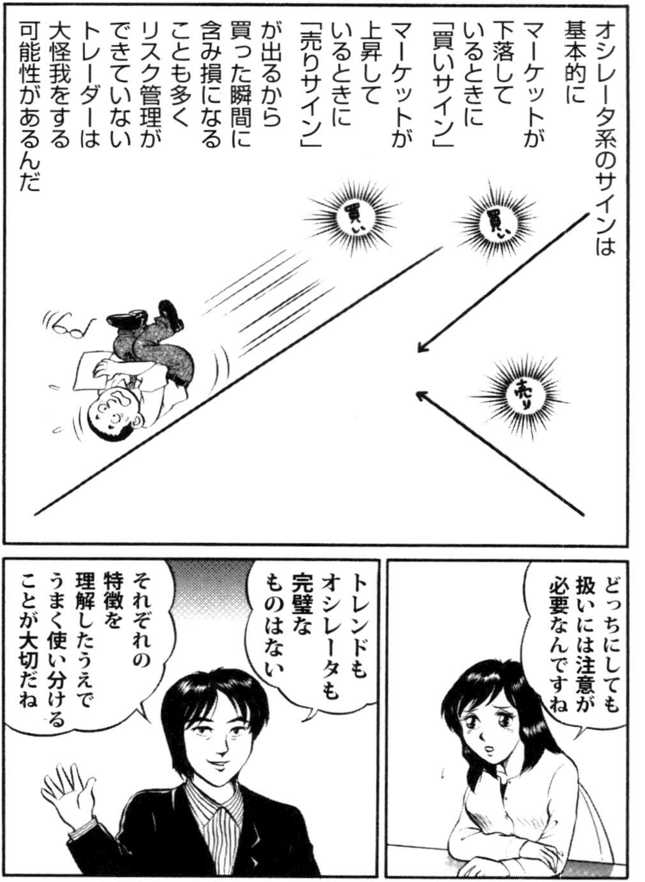
オシレータ系のサインは基本的にマーケットが下落しているときに「買いサイン」マーケットが上昇しているときに「売りサイン」が出るから買った瞬間に含み損になることも多くリスク管理ができていないトレーダーは大怪我をする可能性があるんだ
買い
買い
売り
どっちにしても扱いには注意が必要なんですね
トレンドもオシレータも完璧なものはない
それぞれの特徴を理解したうえでうまく使い分けることが大切だね

◎テクニカル分析

テクニカル分析は、チャートや指標など過去の数値をもとに分析する手法です。

ファンダメンタル分析が各種の政治・経済要因にもとづき将来の方向性を分析するのに対し、テクニカル分析は周囲の要素ではなく、そのポジションの過去の結果をもとに判断していきます。

そのなかで、トレンド系のインディケーターは「上げ相場」「下げ相場」など、相場の動向を見ます。本文で紹介した移動平均線のほかに、ボリンジャーバンドなどがあります。

オシレータ系は「買われすぎ」「売られすぎ」など相場内部（市場参加者）の傾向を見ます。ストキャスティックスのほかにも、ＲＳＩやＭＡＣＤなどがあります。

すべてを使いこなす必要はありません。まずは、自分のスタイルに合った指標を見つけて、その指標を使いこなしましょう。

◎順張り

マーケットが、上昇あるいは下降のトレンドを見せたときに、その流れにしたがってトレードする方法。リスクも逆張りと比較すると小さく、特に中長期取引に向いています。

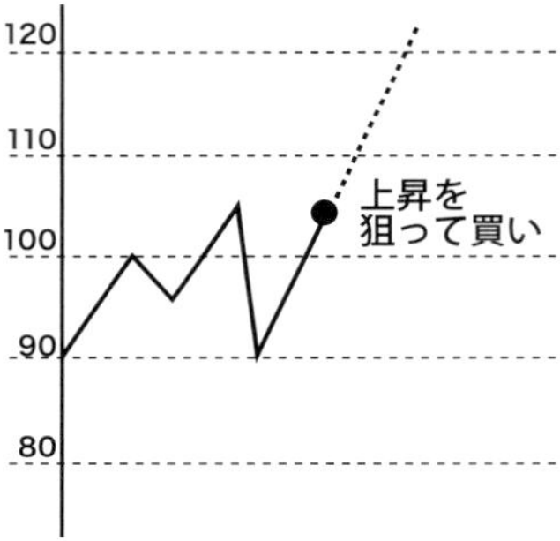

◎逆張り

現在の値動きは行きすぎなので、今度は反転するだろうという読みで、目先の流れとは逆をとるトレード方法。反転する直前に逆張りが成功すれば、大きな利益が得られますが、思惑どおりにいかない場合は損失が大きくなるので注意が必要です。

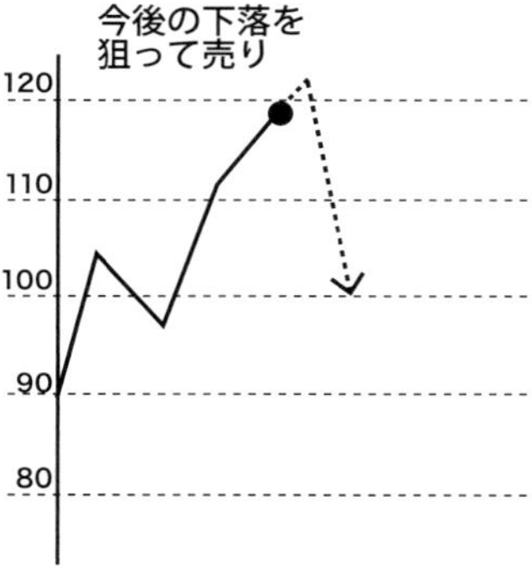

◎ＲＳＩ（Relative Strength Index）

「売られすぎ」「買われすぎ」を％で示すテクニカル指標。一般的には75％以上を買われすぎ、25％以下を売られすぎと判断します。

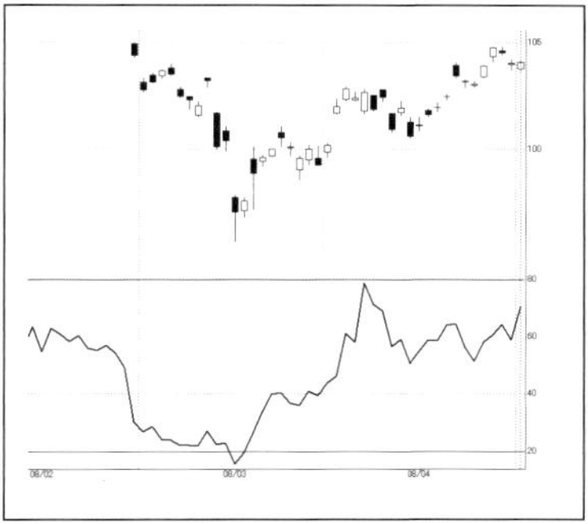

◎ストキャスティックス

「売られすぎ」「買われすぎ」を示す。％Kは値動きにかなり敏感に反応するため重要性は％Dが高いとされています。一般的な見方としては％K、％Dがそれぞれ20％にあるときは売られすぎ、80％にあるときは買われすぎとされています。

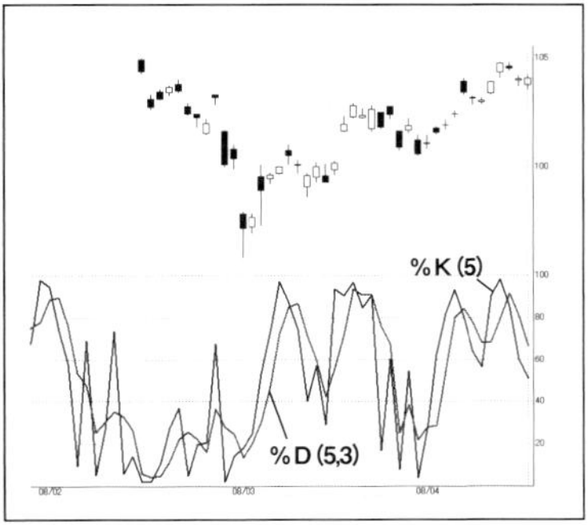

◎ボリンジャーバンド

移動平均をベースに、その上下に過去の値動きの変動率を示すヒストリカルボラティリティを基にした標準偏差帯を加えた指標。

変動幅が正規分布している場合の平均値±1標準偏差の範囲内に入る確率は約68%、平均値±2標準偏差の範囲内に入る確率は約95%とされています。

一般的には相場が帯と接近または交差したときに売買シグナルとして利用されます。

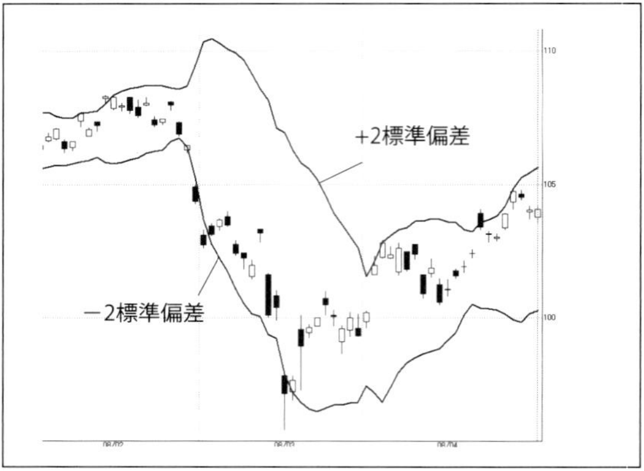

第8章　生き残るために

FXの何たるかも教わったし分析方法教わった
あとは経験を積むのみですね
経験を重ねることはとても重要だでも……
本格的にトレードを始める前に重要なことを最後に伝えておくよ
喫茶
これ以上大切なことがまだあるんですか？
え～
〝過酷な戦場で生き残る〟ためにけっして忘れてはいけないことだ！

メンタルマネジメント
マーケットの世界は過酷な戦場です
トレーダーはさまざまな知識や技術で武装して相場に臨んでいかなければなりません
相場
しかしどれだけ多くの知識や技術を持っていても破滅するトレーダーは数かぎりなく存在しました
なぜなら彼らには精神面の土台がなかったのです
多くの知識や技術を身につけたところで結局のところトレードをするのは「人」だということを忘れてはいけません

ほとんどの「人」は
感情的に動きます
正しいルール
というのは
それが優れていれば
優れているほど
「人」を精神的に
苦しめるものです
禁煙
ゴミ捨て
時間厳
そして
精神的に弱い「人」は
その苦しみから
逃れるために
ルールを破って
しまうのです
その後
彼らのルール破りは
日常化し
ルールを破ることで
大金を失っていくのです
トレーディングで
成功するのに一番大切なこと…
それは間違いなく
「メンタル面の強化」です
意思の弱いトレーダーは
この世界では生き残る
ことはできません
強い心を持ちましょう
心

オーバートレーディングの防止
総資金に対してポジションの割合が
大きすぎることを「オーバートレーディング」といいます
多くの個人投資家は
「早く金持ちになりたい」
「早く損失を取り戻したい」という理由で
ポジションを大きくしがちになります

これを
すると
たいていの
トレーダーは
破滅して
しまいます

満玉《まんぎょく》などがその典型です
確かに勝つときは
大勝ちになります
しかし負けるときは
二度とマーケットに
参加できないほどの
大負けを負う可能性も
あることを心得て
おかなければなりません
初心者はよく
満玉をしますが
トレード上級者は
けっして
満玉はしません
知識も経験もない
初心者はできるだけ
総資金に対して小さい
ポジションでトレードを
するべきでしょう

満玉：全資金で最大限のポジションを建てた状態

ストップロス注文
文字どおりロス（損失）をストップさせる注文だよ
相場は誰でも勝つときと負けるときがあります
では勝者と敗者は何が違うのか？
3ポイント
それは損失の大きさです
1ポイント
薬
勝者は損失が小さいんだよ
勝
損失を小さくとどめれば次の新たなチャンスに臨むことができます
PAR
PAR
PAR
PAR
バーディー
アンダー
イーグル
ダボ
ダボ
トリプルボギー
バーディー
ダボ
オーバー
どうすれば損失を小さくすることができるのか？
それは小さな損失を作ること

ほとんどのトレーダーは損切りを「させられている」
つまりは受動的です
行こうかな
戻ろうかな
もうダメなの?!
この状態では損切りが小さくなることはありません
ストップロス注文は損失額をあらかじめ決めておくという意味で〝作る〟ことなのです
相場は何事も起こりえます
ストップロス!!
資金
どんなときでも必ずストップロス注文を置いて自分の資金を自分自身で守るのです
ストップロス注文を置かない行為は命綱をつけない綱渡りと一緒なのです
ヒューズやブレーカーが無かったら…
一家まるごと家電は使えず全滅だろう

ルールを破らない
ほとんどのトレーダーが
自らのルールを用いて
トレードをしています
例えば
「○○まで下がったら
損切りをしよう」とか
「損切りをした日は
トレードをしない」とか
誰でも何かしらの
取り決めを自分自身に
課しています
ルールは守ってはじめて
ルールといえます
破滅するトレーダーは
トレード前・中・後の
どこかで必ず
ルール破りをしているのです
今だけ
今日だけ
今度だけ

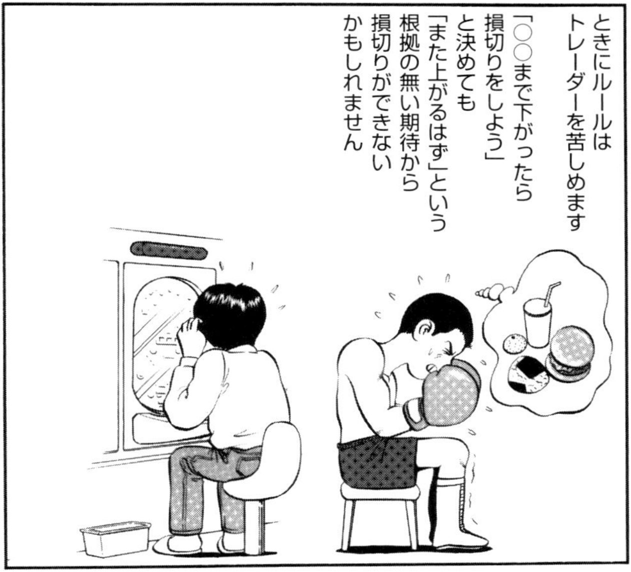
ときにルールは
トレーダーを苦しめます
「○○まで下がったら
損切りをしよう」
と決めても
「また上がるはず」という
根拠の無い期待から
損切りができない
かもしれません

また「損切りをした日は
トレードをしない」
というルールも
「損失を取り返したい」
という強い焦りから
トレードを
してしまう
かもしれません

ルールは正しい
しかし
それが守れないために
ゲームオーバーとなる
トレーダーはあまりに
も多いのです
飲んだら乗
乗るなら飲むな

ルールを作ること自体は
大して難しくはありません
本当に難しいのは
そのルールを
厳守する強い意思を
持ち続けることなのです
もしルールを破りたくて
仕方がないときは
「そのルールは
正しいルールだ」
と繰り返し
念じましょう

謙虚に臨む
誰でも相場が「難しい」ということを認識しています
だからこそ相場で勝ったときはうれしくなり負けたときは悲しくなるのです
自分の読みがあたり勝ち続ければ傲慢にもなるし負け続ければ自暴自棄になったりもします
どうしてビギナーズラックが起きるのか？ それは謙虚だからです
相場に慣れてくると「このトレードは勝てるだろう」と安易に仕掛けることがあるものです 多くのトレーダーは謙虚さを忘れてしまうのです
欲

実は勝っている人ほど
多くの負けトレードを
経験しているのです
そして彼らは
いくら勝っても
傲慢になることなく
いつでも謙虚に
トレードをする
ことができます
いつでも
初めてのときの
気持ちで
トレードに
向かう努力を
しましょう
初心
あの徳川家康も
このような
肖像画を
残しています
若いころ
負け戦をし
その直後に自ら
描かせたといわれています
謙虚さを忘れないために…

中立思考
誰でもトレードをするときには上がるか下がるかを考えるはず
買い材料と売り材料を平等に吟味するはず
しかしひとたびポジションを持つとそのポジションに有利となる材料ばかりを見るようになっていく
例えば買いでポジションを持ったとしよう
その後もし売り材料がマーケットに現れたとしても自分は上がってほしいためその売り材料を無視してしまう
ポジションの有無にかかわらずいつでも材料を平等に見なければなりません
ポ
トレードに全勝はありえません長く続けていくためにも知識や経験を積むとともに精神的強さを養いましょう

用語集

相対取引（ＯＴＣ）

取引所を介さずに、売り手と買い手が1対1の関係で取引を成立させること。

ＡＳＫ（Ｏｆｆｅｒ）レート

ＦＸ業者からの売値。その通貨をいくらで売るかの提示価格。

イフダン注文（ＩＦＤ）

あくまで新規オーダーが成立した場合にのみ、決済オーダーが有効となる。指値注文で出したオーダーが執行されたあとの、さらなる指値を指定する注文方法。

インターバンク市場

通信端末、電話、インターネットなどのネットワークを通じて、銀行間で取引が行われる市場のこと。

ウィークオーダー

注文の有効期限のひとつ。金曜日のニューヨーク市場のクローズまでに不成立な場合は、キャンセルになる注文方法。

追証（おいしょう）

追加証拠金を参照。

オー・シー・オー（OCO注文）

同時に上下２つの指値注文を出し、どちらかが成立したらもう一方はキャンセルになる注文方法。

終値（おわりね）

その日の取引または、ある一定期間の最後についた値段。

外貨ＭＭＦ

海外の投資信託会社によって、日本円以外の外貨で運用される格付けの高い外国短期證券に投資する投資信託のこと。

外貨準備

国の輸入代金決済や借金の支払いなど、対外支払い用に準備しておく外貨。

外貨預金

外貨建ての普通預金。利息も外貨でつく。

為替レート

異なる国の通貨を交換する際の比率。

カバーディーリング

ＦＸ会社などが顧客からの注文による為替リスクをなくすために、別のＦＸ会社に反対売買すること。

基軸通貨

世界中の貿易や、企業・個人の金融取引において、決済通貨として広く使用される通貨。現在の基軸通貨は、米ドル。

逆指値注文

指定した値段まで「上がったら買い」、「下がったら売り」という、今よりも不利な値段で取引をする注文方法。

キャリートレード

金利の低い国で資金を調達して、その資金を金利の高い国で運用する投資手法。

強制決済

評価損が大きくなり、証拠金の担保能力がなくなりつつある場合に強制的にポジションが決済されるシステム方法。

金利リスク

価格が金利の変動によって、上昇したり下落したりするリスク。

金利市場（コール市場）

主に銀行間で超短期資金の貸し借りをする市場のこと。

くりっく365

透明・公正を目的とした法的な資格要件を満たしたＦＸ会社だけが参加できる、東京金融取引所にあるＦＸ公設市場のこと。

クローズ

マーケットの取引が終わる時間。

クロス取引

一般的に、米ドルを含まない為替取引のこと。「円クロス（クロス円）」といえば、円と米ドル以外の通貨の組み合わせ。反対にドルを含む場合は「ストレート」という。

公定歩合

日本銀行が、民間金融機関に資金を貸し出すときに適用する金利。

コールレート

金利市場で適用される金利。

差金決済

取引の差額分のみで決済する取引方法。

指値注文

指定した値段まで「上がったら売り」「下がったら買い」と、今よりも有利な値段で指定をして注文すること。「順指値注文」ともいう。

ジーティーシー（GTC）

キャンセルするまで有効な注文方法。

仕掛け

新たに売買の注文を出すこと。

資金管理

マネーマネジメント。トレードのリスクを制限するために、損切りやポジションのルールを決めておくこと。

証拠金

取引を行う際に、あらかじめ取引業者に預け入れる担保金。

信託分離保管

顧客が担保として取引会社に預け入れた証拠金を、取引会社の資産とは別に信託銀行に信託すること。万が一、会社が倒産した場合でも、信託契約先銀行との債務相殺の禁止など、顧客の預け入れたお金は保全される制度。

信用取引

株式取引において、証拠金を預け入れれば約3倍の取引（制度信用取引）ができる、投資手法。

スクエア
売りポジションと買いポジションの持ち高をイーブン、差し引きゼロにすること。

ストップ高・安
証券取引所は大幅な価格変動により、市場が混乱しないように1日の株価の値幅制限を設けている。その値幅制限いっぱいまで、買われることを「ストップ高」、値幅制限いっぱいまで売られることを「ストップ安」という。

ストップロス
損切り参照。

スプレッド
Ｂｉｄ（買値）とＡｓｋ（売値）の差額。

スポット取引
契約成立当日ないし取引成立日（約定日）の翌々営業日に受け渡しが行われる取引。

スワップ

2国通貨間の金利差。

損切り

含み損が出ているポジションを決済して、損失を確定させること。

ダン

取引が成立すること。イフダン注文を参照。

チャート

時間軸にあわせ価格の推移をグラフ化したもの。

追加証拠金

相場の変動等により含み損が発生し、証拠金が必要額よりも不足した場合、取引を継続するために追加しなくてはならない担保金のこと。

通貨ペア
ドル円、ユーロドルなど、売買を行う2国の通貨の組み合わせのこと。

2Way Price
取引相手に買値、売値の両方の取引レートを同時に提示すること。

TTSレート
電信売相場。金融機関が、投資家に外貨を販売する場合に適用されるレート。仲値に1円を上乗せしたレートのこと（米ドルの場合）。

TTBレート
電信買相場。金融機関が、投資家から外貨を購入する場合に適用されるレート。仲値から1円を差し引いたもの（米ドルの場合）

デイ・オーダー
指値注文の有効期限をその日（NY市場のクローズまで）のみ有効と設定すること。

テクニカル分析

チャートや指標を分析して、過去の値動きと現在の値動きのパターンを比較し、将来の値動きを分析すること。

投機筋

主に短期的な売買で、為替差益を狙う市場参加者のこと。

取引所取引

証券会社を介して行われる取引。

トレイリング・ストップ

逆指値と一定幅の損切りポイントを指定して、値段が上がるたびに損切りポイントも上げていく注文方法。

トレンド

ある方向へ動く価格のこと。

仲値（TTMレート）
毎日午前10時頃のインターバンク市場の為替レートを基準にして、各銀行が決定する対顧客取引の基準値レート。

成行注文
価格を指定せずに、今の値段で売買する注文方法。

始値
その日または、ある期間の最初についた値段。

Bidレート
取引業者からの買値。

ファンダメンタル分析
政府発表の経済指標や各種報告などをもとに、相場変動を分析すること。

含み損益
決済前のポジションに、計算上生じている、利益（含み益）または損失（含み損）。

プライスオーダー
成行注文参照。

ポジション
新規注文が約定し、決済するまで保有している取引（売り／買いの持ち高）のこと。

マージンコール
追加証拠金参照。

安値
その日の取引または任意の期間中で一番安くついた値段。

リーブオーダー

指値注文参照。

利益確定

計算上の含み益を、実際に決済をして利益を確保すること。

レバレッジ

てこの原理。少ない投資金額で、大きな金額の取引を行えること。

ロールオーバー

決済日を自動的に繰り延べていくこと。

ロスカット

損失を一定額に抑えるために、損失が一定の水準を下回ったときに、保有するポジションを強制的に決済すること。

脚本　山口祐介（やまぐち・ゆうすけ）
1975年生まれ。成城大学経済学部卒。外国為替証拠金会社数社でカバーディーリング業務に従事。2006年に独立。為替、株式、商品などのトレーディングで生計を立てる。現在は、ディーリングの知識や10年を超える個人トレーダーとしての経験を生かし、個人投資家の教育や啓蒙活動を主な目的としたSHARK FUND（http://www.shark-fund.com）を主宰。多くの個人トレーダーからの支持を得る。
著書に『相場で負けたときに読む本～実践編～』『相場で負けたときに読む本～真理編～』（パンローリング）、『元プロ・ディーラーが明かす外為FX 勝者の条件』（秀和システム ）などがある。

作画：佐々木慧（ささき・けい）
1965年岩手県生まれ。大学卒業後、劇画家アシスタントを経て独立。93年より漫画読み切り・連載、カットの仕事を始める。ジャンルは歴史・バイクなど。原作つきも手がける。学習漫画やノウハウものを経て、現在に至る。『マンガ オニール流グロース株投資入門の入門』（パンローリング）、『いつでもいっしょ』（新風舎）など。趣味はバイク、旅行。

2008年７月９日 初版第１刷発行
2009年８月２日　　　第２刷発行

PanRolling Library⑱

マンガ　今日《きょう》からデビューのＦＸ

脚　本　　山口祐介
作　画　　佐々木慧
発行者　　後藤康徳
発行所　　パンローリング株式会社
〒160-0023　東京都新宿区西新宿7-9-18-6Ｆ
TEL 03-5386-7391　FAX 03-5386-7393
http://www.panrolling.com/
E-mail　info@panrolling.com
装　丁　　パンローリング装丁室
印刷・製本　株式会社シナノ

ISBN 978-4-7759-3054-0

関連本

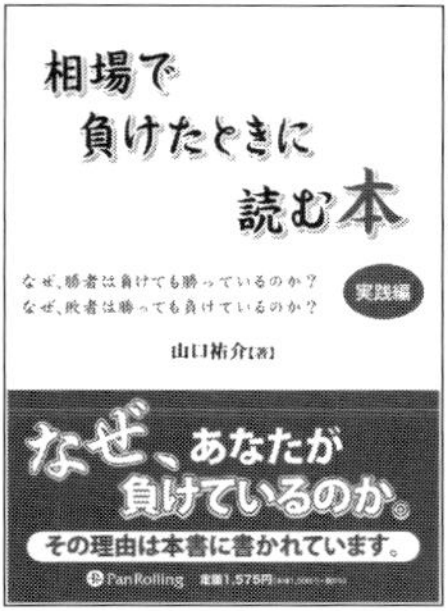

相場で負けたときに読む本（実践編）

著者：山口 祐介

定価 本体 1,500 円+税　ISBN:9784775990476

2007-2008ブルベア大賞受賞作品！

あなたが本当に“勝者”ならば、本書を読む必要はない。しかし、負けているのであれば、ぜひ本書を読んでみるべきだ。あなたがなぜ負けているのか。思い当たることがきっと書かれているはずだ。「そうだったのか」と思ったこと、それがあなたにまつわる「悪しき習慣」である。まずは、自分自身の悪しき習慣を知り、それを排除しよう。たったこれだけのことで、あなたの成績は見違えるほど良くなることだろう。

ＦＸトレーディング！ ～通貨取引で押さえておきたいテクニカルとファンダメンタルの基本～

著者：キャシー・リーエン

定価 本体 3,800 円+税　ISBN:9784775970843

ＦＸ最良の戦略が満載！

世界一のオンライン外為ブローカーのチーフストラテジストである著者が著した本書は、FX市場で利益を得るための多様なテクニカル戦略とファンダメンタル戦略が記されている。初心者・ベテランに関わらず、すべてのトレーダー（とりわけデイトレーダー）が知っておくべき主要市場や各通貨に関する基本知識や特徴、さらには実際の取引戦略の基礎として使える実践的な情報が含まれている一冊である。

相場で負けたときに読む本（真理編）

著者：山口祐介
定価：本体 1,500 円+税
ISBN:9784775990469

負けたトレーダーが破滅するのではない。負けたときの対応の悪いトレーダーが破滅するのだ。勝つ思考法を身につける前に、まずは「負ける思考法」をひとつずつ変えていこう。

実践 FX トレーディング ～勝てる相場パターンの見極め法～

著者：イゴール・トシュチャコフ
定価 本体 3,800 円+税
ISBN:9784775970898

当てにならない予測法に代わる具体的なチャートパターンを紹介。FXトレードの達人であり指導者である著者が、勘や感覚的な推測に依存せず、メカニカルで明確なルールに従った簡単明瞭で精緻なメソッドを披露。